ESTADOS UNIDOS NO SÉCULO XX

COLEÇÃO HISTÓRIA NA UNIVERSIDADE – TEMAS FUNDAMENTAIS

Coordenação Jaime Pinsky e Carla Bassanezi Pinsky

ESTADOS UNIDOS NO SÉCULO XX • Flávio Limoncic
IMPERIALISMO • João Fábio Bertonha
INDEPENDÊNCIA DO BRASIL • João Paulo Pimenta
JUVENTUDE E CONTRACULTURA • Marcos Napolitano
PRÉ-HISTÓRIA DO BRASIL • Pedro Paulo Funari e Francisco Silva Noelli
REVOLUÇÃO FRANCESA • Daniel Gomes de Carvalho
ROTA DA SEDA • Otávio Luiz Pinto
SEGUNDA GUERRA MUNDIAL • Francisco Cesar Ferraz
UNIÃO SOVIÉTICA • Daniel Aarão Reis

Conselho da Coleção

Marcos Napolitano
Maria Ligia Prado
Pedro Paulo Funari

Proibida a reprodução total ou parcial em qualquer mídia
sem a autorização escrita da editora.
Os infratores estão sujeitos às penas da lei.

A Editora não é responsável pelo conteúdo deste livro.
O Autor conhece os fatos narrados, pelos quais é responsável,
assim como se responsabiliza pelos juízos emitidos.

Consulte nosso catálogo completo e últimos lançamentos em **www.editoracontexto.com.br**.

Flávio Limoncic

ESTADOS UNIDOS NO SÉCULO XX

HISTÓRIA NA UNIVERSIDADE –
TEMAS FUNDAMENTAIS

Copyright © 2023 do Autor

Todos os direitos desta edição reservados à
Editora Contexto (Editora Pinsky Ltda.)

Ilustração de capa
Detalhe do pôster de James Montgomery Flagg, c. 1917
(Library of Congress)

Montagem de capa e diagramação
Gustavo S. Vilas Boas

Coordenação de textos
Carla Bassanezi Pinsky

Preparação de textos
Lilian Aquino

Revisão
Ana Paula Luccisano

Dados Internacionais de Catalogação na Publicação (CIP)

Limoncic, Flávio
Estados Unidos no século XX / Flávio Limoncic. –
São Paulo : Contexto, 2024.
160 p.
(Coleção História na Universidade : Temas Fundamentais)

Bibliografia
ISBN 978-65-5541-397-7

1. Estados Unidos – História I. Título II. Série

24-0428   CDD 973

Angélica Ilacqua – Bibliotecária – CRB-8/7057

Índice para catálogo sistemático:
1. Estados Unidos – História

2024

EDITORA CONTEXTO
Diretor editorial: *Jaime Pinsky*

Rua Dr. José Elias, 520 – Alto da Lapa
05083-030 – São Paulo – SP
PABX: (11) 3832 5838
contato@editoracontexto.com.br
www.editoracontexto.com.br

# Sumário

Introdução 7

Nós, o povo? 11

Tempo é dinheiro 49

O véu e o sonho 79

O porrete e a cidade na colina 119

(In)Conclusão 147

Bibliografia 153

Introdução

Exemplo de democracia ou esteio da ditadura civil-militar brasileira de 1964? Paraíso da felicidade suburbana ou cenário de vidas alienadas pela lógica da mercadoria? Evidência da superioridade do capitalismo ou pátria de multinacionais exploradoras da gente e das riquezas brasileiras? Ao longo do século XX, os Estados Unidos ocuparam centralidade nas discussões acerca do que éramos e do que deveríamos ser como país e como nação. Nesse início de século XXI, não tem sido diferente. Para o bem ou para o mal, a presidência de Donald Trump, entre 2017 e 2021, tornou-se parte fundamental do debate brasileiro. O resultado dessa postura de fascínio ou aversão, fruto das preferências políticas e ideológicas de cada um, é evidente: prejudicar nossa capacidade de compreender o país que tanta influência tem exercido sobre o nosso.

Curiosamente, os próprios norte-americanos mais admiram do que compreendem seu país. Por lá, como por aqui, historiadores profissionais escrevem muito uns para os outros, mas pouco compartilham suas pesquisas com o público não especializado. Em decorrência, a tradição do *excepcionalismo*, ou seja, a visão de que os Estados Unidos possuem uma experiência nacional singular e superior, continua forte na consciência histórica e na cultura cívica de seus cidadãos.

Como toda narrativa nacional, o excepcionalismo é uma forma de organizar o passado, de escolhas do que – e como – deve ser contado, deixado em segundo plano ou esquecido.

Deve ser contado que os Estados Unidos nasceram em fins do século XVIII como um ato de vontade dos Pais Fundadores – eles, também, homens excepcionais – em criar algo radicalmente novo no mundo. No lugar dos súditos e dos reis por direito divino das monarquias europeias, República, cidadãos, divisão de poderes, federalismo, representação política e contrato entre governantes e governados, assinado em forma de Constituição. Em vez de aristocratas, plebeus e privilégios assegurados pelo nascimento, característicos do Antigo Regime, indivíduos nascidos livres e iguais e mercado competitivo. Deve ser contado, também, que na Conquista do Oeste se forjou um *novo homem americano*, democrático, igualitário, viril e individualista, capaz de superar qualquer fronteira. Em suma, a narrativa do excepcionalismo afirma que os Estados Unidos já teriam nascido modernos, enquanto o restante do mundo, na tentativa de se modernizar, precisaria lidar com o peso do passado e a força da tradição.

Deve ser deixado em segundo plano, ou de preferência esquecido, que o direito à vida, à liberdade e à busca da felicidade, enunciado na Declaração de Independência, referia-se apenas aos homens brancos. Mais: que, embora inalienáveis na letra fria do papel, tais direitos conviveram por quase nove décadas com seres humanos escravizados. Mais ainda: que, por quase um século após a Emancipação, em 1865, milhões de descendentes dos escravizados viveram socialmente segregados e tiveram negado o direito de voto. Não menos importante: que, ao terem suas terras sistematicamente usurpadas, os nativoamericanos sofreram um colapso demográfico. Enfim, que o *reino da abundância e liberdade* nunca foi igualmente franqueado a todos, seu acesso frequentemente condicionado mais pela cor da pele e lugar de nascimento do que pelo talento individual.

Os Estados Unidos, no entanto, não são uma coisa ou outra. São uma combinação complexa, e quase sempre contraditória, de ambas, e dada a gigantesca quantidade de recursos que são capazes de mobilizar, tudo o que fazem repercute no mundo. Da Missão Apollo às bombas sobre Nagasaki e Hiroshima, passando pela sedução de Hollywood e o napalm no Vietnã, a Ku Klux Klan e o movimento pelos direitos civis, o jazz e a música country, Franklin D. Roosevelt e Ronald Reagan, casas unifamiliares, gramados suburbanos, Cadillacs, arranha-céus, vias expressas, chicletes, siderúrgicas de Pittsburgh, Vale do Silício californiano, *fast-food*, internet, Universidade de Harvard e Mickey Mouse, nenhum país contribuiu tanto para moldar o século XX, Brasil incluído, o que torna ainda mais surpreendente o pouco conhecimento de sua história entre nós. Este livro, dividido em quatro capítulos e uma "(In)conclusão", tem como objetivo, justamente, apresentar ao leitor brasileiro um pouco do que Henry Luce, dono da revista *Time*, chamou de "O Século Americano".

Longe de mínimo ou neutro, em "Nós, o povo?", o Estado surge como participante ativo da vida econômica e social dos Estados Unidos. "Tempo é dinheiro" tem como eixo as contradições de uma economia baseada em relações de trabalho assalariadas e voltada para o consumo de massas. "O véu e o sonho" discute a tensão, e por vezes o conflito aberto, entre diferentes concepções de nação e suas consequências sobre os direitos de cidadania. "O porrete e a cidade na colina" apresenta a política externa, voltada mais para a consolidação de objetivos nacionais do que para levar ao mundo a boa-nova da democracia. A "(In)conclusão" faz uma breve reflexão sobre os Estados Unidos neste início de século XXI.

Em nome da clareza expositiva, o livro é dividido em capítulos, mas a história norte-americana – como de resto toda história – não pode ser fatiada em camadas de política, economia, imaginação nacional e política externa. Por isso, vários temas, como o New Deal, a Segunda Guerra Mundial e a segregação racial, surgem e ressurgem ao longo de suas páginas, com diferentes ênfases e enfoques. Muitos deles, assim como as análises realizadas, certamente seriam outros, fosse outro o autor. O conhecimento histórico, nunca é demais lembrar, só é verdadeiramente rigoroso se admitidas as escolhas feitas e sua própria provisoriedade. O compromisso, no entanto, é o mesmo de todo trabalho feito por historiadores: buscar produzir e compartilhar alguma compreensão.

Nós, o povo?

O ESTADO QUE O SÉCULO XX HERDOU

Segundo a tradição do excepcionalismo, os protagonistas da história norte-americana ora são grandes indivíduos, como os Pais Fundadores, ora empreendedores extraordinários, como Thomas Edison e Henry Ford, ora figuras anônimas, como caubóis e pioneiros, personagens da grande saga da Conquista do Oeste. O Estado, quando muito, surge como ator coadjuvante.

A Declaração de Independência, escrita em 1776, a Constituição, elaborada em 1787, e as 10 primeiras Emendas à Constituição, ratificadas em 1791 (conhecidas como Carta dos Direitos), frequentemente apontadas como as certidões de nascimento da nação e do Estado norte-americanos, parecem confirmar tal tradição. A primeira afirma, como verdades autoevidentes, que todos os homens nascem iguais e têm direito à vida, à liberdade e à busca da felicidade. Afirma, também, que tais homens têm o direito, e mesmo o dever, de se livrar de um governo que não garanta sua segurança e felicidade. A segunda começa com "Nós, o povo [...], ordenamos e estabelecemos esta Constituição dos Estados Unidos da América". A terceira assegura, dentre outras, as liberdades de expressão, reunião e religião. Enquanto na Europa do Antigo Regime o lugar social de uma pessoa era determinado pelo seu nascimento e a legitimidade das monarquias derivava da vontade de Deus, nada de mais excepcional parecia haver no mundo do que aquela ordem social centrada em indivíduos e um poder estatal limitado, consentido e legitimado pela vontade coletiva dos cidadãos.

A democracia na América, publicado em 1835 por Alexis de Tocqueville, evidencia o grande interesse despertado na Europa por aquele que era considerado um experimento único de igualdade e liberdade. Na chamada Democracia Jacksoniana (em razão do presidente Andrew Jackson, 1829-1837), partidos políticos disputavam o poder através de eleições regulares, dispensando a violência característica das lutas políticas na França natal de Tocqueville, como as Revoluções de 1789 e 1830.

O próprio Jackson, no entanto, era proprietário de escravizados em uma plantação de algodão no Tennessee. Sua concepção de democracia e igualdade se restringia aos homens brancos, como brancos eram os homens que elaboraram a Constituição, cerca de 40 anos antes.

Embora leitores de Locke, Montesquieu e Políbio, os homens reunidos na Convenção Constitucional da Filadélfia, James Madison à frente, não viviam imersos apenas no mundo das ideias políticas, como o republicanismo, o primado do indivíduo e os princípios da soberania popular e do consentimento dos governados. Viviam imersos, também, no mundo dos interesses concretos. Alguns queriam um governo central forte, capaz de promover comércio e infraestrutura, ao passo que outros queriam mais poder para os estados e uma economia de base agrária; alguns eram contrários ao trabalho escravo, outros tinham na propriedade de escravizados sua principal riqueza; alguns queriam democratizar o poder político, outros desejavam resguardá-lo das paixões e dos interesses das maiorias.

A Constituição representou um compromisso entre tais interesses. De um lado, ela criou, de fato, algo politicamente novo no mundo:

uma República sustentada não na virtude dos cidadãos, como queria Montesquieu, mas em um sistema de freios e contrapesos baseado na representação política, no federalismo e na divisão de poderes entre Executivo, Legislativo bicameral e Judiciário. De outro lado, criou um governo central forte o suficiente para proporcionar coesão e segurança ao novo país, e adequadamente fraco para não ameaçar os interesses dos estados de menor população e aqueles ligados à escravidão.

A Constituição, a escravidão e os estados de menor população

A seção 2 do artigo 1 da Constituição atribuía aos estados um número de deputados federais proporcional à sua população, incluindo os "vinculados ao serviço por um número de anos" (ou seja, os escravizados) em uma proporção de 3 para 5 pessoas livres (regra dos 3/5), sobrerrepresentando os estados escravistas na Câmara Federal. Em 1790, Pensilvânia e Virgínia tinham cerca de 440 mil pessoas livres cada, mas a primeira possuía 13 deputados e a segunda 19, graças a seus 300 mil escravizados. Ao criar o Senado e atribuir dois senadores a todos os estados, a seção 3 do artigo 1 sobrerrepresentava os estados de menor população, como Rhode Island, com 69 mil habitantes em 1790.

A seção 1 do artigo 2 criou o Colégio Eleitoral para eleger o presidente, cada estado indicando um número de delegados igual à soma de seus deputados e senadores, sobrerrepresentando os estados escravistas e os de menor população. Em 1792, Vermont teve 1 deputado federal e 3 delegados ao Colégio Eleitoral, ao passo que a Pensilvânia teve 15 delegados e a Virgínia 21. Não surpreende que 7 dos 10 primeiros presidentes tenham sido senhores de escravos, incluindo os chamados "Grandes Virginianos": George Washington, James Madison e Thomas Jefferson.

A seção 2 do artigo 4, conhecida como "cláusula do escravo fugitivo" (na letra da Constituição, "mantidos em serviço ou trabalho"), garantia aos proprietários de escravizados o direito de reavê-los em caso de fuga para outro estado, mesmo se neste não houvesse escravidão.

O artigo 5 determinava a necessidade de 2/3 dos votos do Congresso e a aprovação de 3/4 dos estados para ratificar uma Emenda, atribuindo aos estados escravistas poder de veto sobre Emendas abolicionistas e aos de menor população poder de veto sobre Emendas que extinguissem o Colégio Eleitoral.

A seção 9 do artigo 1, por fim, vedava, por 20 anos, legislação restritiva à "importação de pessoas", ou seja, à entrada de novos escravizados em território norte-americano.

Sem citar uma única vez a palavra *escravo*, a Constituição de tal forma protegia a escravidão que tornou evidente que o trabalho de escravizados não era um resquício do despotismo inglês, tampouco uma peculiaridade dos estados do Sul, mas uma instituição norte-americana. Esta é a contradição fundamental do nascimento dos Estados Unidos, que não escapou a Thomas Jefferson. Consciente da incompatibilidade entre a Declaração de Independência, que ele próprio havia redigido, e a realidade da escravidão, da qual era beneficiário, Jefferson escreveu em suas *Notas da Virginia*, de 1781: "Sem dúvida, tremo por meu país ao pensar que Deus é justo".

Quando a Constituição foi escrita, em fins do século XVIII, os Estados Unidos eram um país agrário e escravista, mas ao longo do século XIX algumas de suas regiões viram surgir algo completamente novo e, de certa forma, inesperado e surpreendente: a grande indústria. Com ela, surgiram, também, interesses, atores, projetos de futuro, tensões e conflitos que os homens reunidos na Filadélfia, em 1787, não tinham como prever. Não tinham como prever, tampouco, que a linguagem vaga ou imprecisa de diversas passagens da Constituição iria torná-la alvo de disputas políticas e jurídicas nesse mundo que nascia da Revolução Industrial. A "cláusula de comércio", a "cláusula da taxação e do gasto" e a "cláusula necessária e adequada", em particular, todas do artigo 1, ganhariam centralidade nos debates políticos e constitucionais das décadas – e séculos – seguintes.

A construção do poder nas Américas

Assim como os Estados Unidos, os países das Américas espanhola e portuguesa também enfrentaram o desafio de estabelecer um poder central legítimo após suas independências. O encaminhamento que deram a ele, no entanto, foi distinto.

No Brasil, consolidou-se um poder centralizado na cidade que, desde 1808, exercia o papel de capital do Império Português: o Rio de Janeiro. A Independência, em 1822, liderada por um membro da própria família real portuguesa, não se desdobrou em efetivas ameaças ao novo poder, e as revoltas regionais das décadas de 1830 e 1840 foram militarmente subjugadas. Sendo a escravidão uma instituição unificadora dos interesses das diferentes elites provinciais, o Segundo Império consolidou seu poder sobre um imenso território.

> As unidades político-administrativas do Império Espanhol, por sua vez, subdividiram-se em vários países em razão da inexistência de grandes interesses unificadores e de conflitos entre suas elites. O sonho bolivariano da Grã-Colômbia fragmentou-se em Colômbia, Equador e Venezuela; o Vice-Reino do Prata cindiu-se em Bolívia, Paraguai, Argentina e Uruguai; e a Argentina viveu boa parte do século XIX sob a permanente tensão entre a província de Buenos Aires e os caudilhos das demais províncias.
>
> O federalismo norte-americano, a centralização política brasileira e a fragmentação da América espanhola foram, assim, resultado tanto de projetos políticos distintos como de conflitos e interesses presentes nas três regiões.

Segundo a "cláusula de comércio", cabe ao Congresso regular o comércio com nações estrangeiras, entre estados e com tribos indígenas. Em 1787, boa parte das atividades econômicas realizadas nos Estados Unidos era de natureza local, mas na segunda metade do século XIX, quando as estradas de ferro criaram um mercado nacional de mão de obra, produtos e serviços, ou seja, quando o comércio entre os estados cresceu, a União buscou regulá-lo, ao passo que os estados resistiram ao que entendiam ser uma usurpação de seus poderes. A primeira agência federal a funcionar com base na "cláusula de comércio" foi a Agência de Comércio Interestadual (ICC, na sigla em inglês), de 1877, que regulava preços, tarifas e outros aspectos da atividade ferroviária, mas somente na década de 1930, durante o New Deal de Franklin D. Roosevelt, a Suprema Corte dos Estados Unidos ampliou seu entendimento da "cláusula de comércio" e consolidou a capacidade da União de regular mais amplamente a economia.

A "cláusula necessária e adequada" atribui ao Congresso o poder de fazer leis para tornar efetivos os poderes dados pela Constituição ao governo dos Estados Unidos, mas não define o que entende por necessária e adequada. A "cláusula da taxação e do gasto" permite ao Congresso criar taxas para promover a defesa e o bem-estar, mas tampouco deixa claro o que entende por bem-estar. As duas cláusulas serviram de base para os chamados "poderes implícitos" atribuídos pela Constituição ao Congresso.

Os poderes implícitos foram acionados pela primeira vez por Alexander Hamilton, então Secretário do Tesouro, em 1791. Defensor de um governo central forte, que promovesse o comércio e a infraestrutura, Hamilton via na criação de um banco nacional a oportunidade de avançar a centralização política. Segundo ele, os poderes implícitos deveriam ser acionados sempre que a Constituição fosse omissa diante de alguma necessidade de política pública (como, a seu ver, um banco nacional para melhorar a oferta de crédito). Seu principal opositor era Thomas Jefferson, à época secretário de Estado, para quem o Congresso só poderia criar leis expressamente a ele permitidas pela Constituição. A proposta de Hamilton foi vencedora e, a partir de então, os defensores de uma leitura mais larga dos poderes implícitos, de um governo central forte e de uma economia comercial e industrial passaram a ser conhecidos como hamiltonianos. Por outro lado, os defensores de uma leitura mais restritiva da Constituição, de um maior poder para os estados e de uma economia de base agrária passaram a ser chamados de jeffersonianos. Ironicamente, em 1803, já como presidente, Jefferson realizou a Compra da Louisiana (território que ia do Golfo do México ao Canadá), então pertencente à França, exercendo poder não expressamente conferido pela Constituição à União.

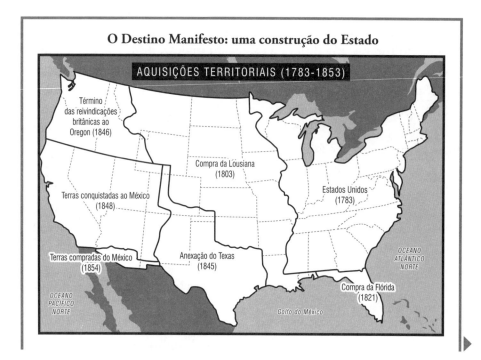

O Destino Manifesto: uma construção do Estado

Embora narrativas literárias e cinematográficas inspiradas pela tradição do excepcionalismo apresentem o *caubói solitário* e o *pioneiro da cabana de troncos* como protagonistas da Conquista do Oeste, a Compra da Louisiana foi um marco importante da ação estatal na construção do território norte-americano. Foi, também, a Cavalaria da União que expulsou ou matou nações indígenas, de modo a abrir amplos espaços para a penetração de caubóis e pioneiros no território da América do Norte.

A Constituição trata as "tribos indígenas" como nações estrangeiras. Nos primeiros tempos da República, os norte-americanos lidaram com elas como lidariam com países estrangeiros, através de embates armados ou de tratados. Em 1830, teve início a remoção de seminoles, chickasaws, cherokees, muscogees e choctaws para territórios a oeste do Mississippi. Na chamada "Trilha das Lágrimas", entre 1830 e 1850, cerca de 60 mil homens, mulheres e crianças foram removidos, resultando em milhares de mortes. Até a Batalha do Lago Leech, de 1898, considerada a última das guerras indígenas, dezenas de guerras foram lutadas pela Cavalaria dos Estados Unidos contra nações indígenas, além de massacres e escaramuças entre nativoamericanos e colonos. Na Califórnia, a população indígena passou de cerca de 150 mil pessoas em 1846 para 30 mil em 1873, naquele que é considerado um verdadeiro genocídio de nativoamericanos. Como resultado da política da União de confinamento de nações indígenas em reservas, 51% dos nativoamericanos viviam em apenas 5 estados no ano de 2020: Oklahoma, Arizona, Califórnia, Novo México e Texas. Somente em 1924, a Lei de Cidadania Indígena tornaria os nativoamericanos cidadãos dos Estados Unidos.

Foi, também, a União que fez a guerra com o México, entre 1846 e 1848, incorporando ao território norte-americano toda a costa oeste, e que distribuiu terras no Oeste, através da Lei de Terras (Homestead Act), de 1862, tornando possível o chamado "Destino Manifesto" de um território do Atlântico ao Pacífico, ou seja, a ideia de que os norte-americanos teriam, como destino, conquistar e civilizar todo o continente.

Ao longo do século XIX, também se tornou evidente que as fronteiras entre os três poderes da União não eram claramente definidas pela Constituição. Em tese, cabia ao Congresso a produção das leis, mas Câmara e Senado pouco legislaram no primeiro século de existência do país, restando aos tribunais decidir casos concretos com base na tradição britânica da *common law*, ou seja, no direito costumeiro e na jurisprudência. Muitos casos que chegavam aos tribunais, no entanto, não tinham precedentes claros, o que os levou a produzir normas legais, como a definição da cidadania nacional e a regulação das novas relações de trabalho assalariadas.

Em 1836, Dred Scott, escravizado do Missouri, foi levado por seu proprietário para Illinois e Wisconsin, onde não havia escravidão. De volta ao Missouri, Scott tentou comprar sua liberdade, o que lhe foi negado. Em 1846, ele iniciou uma ação judicial com base na doutrina "tendo pisado em solo livre, sempre livre", que acabou por se tornar uma batalha judicial de 11 anos. O caso chegou à Suprema Corte dos Estados Unidos, que, diante da omissão da Constituição em definir e do Congresso em legislar sobre a cidadania nacional, criou, em *Dred Scott v. Sandford*, de 1857, uma norma legal: um afro-americano, mesmo que tivesse nascido livre ou sido liberto, não poderia ser cidadão dos Estados Unidos e, portanto, parte em uma ação legal. A Suprema Corte definiu, assim, que apenas brancos poderiam ser cidadãos norte-americanos.

Dred Scott em 1857.

O Poder Judiciário também criou o arcabouço legal das novas relações de trabalho assalariadas que acompanhavam a expansão da industrialização.

Na Europa, tais relações começaram a ser regulamentadas pelo Legislativo de alguns países ainda na década de 1840: em 1841, a Câmara dos Deputados da França proibiu o trabalho de menores de 8 anos e, no ano seguinte, o Parlamento Britânico proibiu o emprego de mulheres e crianças abaixo de 10 anos em minas. Nos Estados Unidos, em razão do entendimento então corrente da "cláusula de comércio", o Congresso não legislou sobre as relações de trabalho assalariadas ao longo de todo o século XIX, tampouco os estados o fizeram. Na ausência de leis trabalhistas, a organização de sindicatos e a assinatura de contratos coletivos entre estes e as empresas eram as únicas formas de assegurar condições mínimas de trabalho e remuneração para os assalariados. Por isso, boa parte dos casos que chegavam aos tribunais girava em torno do reconhecimento dos sindicatos como representantes legítimos dos trabalhadores de diferentes categorias profissionais. De modo geral, os juízes norte-americanos do século XIX decidiram tais disputas a partir da visão liberal clássica de que o trabalhador individual não deveria sofrer coerção por entes coletivos, como os sindicatos, no momento de estabelecer seus contratos de trabalho. Entre 1877 e 1931, 10 mil ordens judiciais emitidas por juízes, sem realização de julgamento, proibiram greves, panfletagens e outras atividades sindicais. Como resultado, a contratação individual do trabalho se tornou a norma no coração da nova economia industrial e o trabalho infantil foi comum até a década de 1930.

Ao mesmo tempo que constrangia os esforços de organização dos trabalhadores, a Suprema Corte dos Estados Unidos decidiu, em *Santa Clara County v. Southern Pacific Railroad Co.*, de 1886, com base na 14ª Emenda – uma das chamadas "Emendas da Reconstrução" –, que as corporações (empresas de sociedade anônima) tinham os mesmos direitos dos cidadãos ao devido processo legal, o que, na prática, teve como consequência dificultar a regulação estatal sobre elas.

A Guerra Civil e as Emendas da Reconstrução

A Guerra Civil (1861-1865) começou como um conflito limitado para evitar a secessão das Carolinas do Sul e do Norte, Tennessee, Mississippi, Arkansas, Flórida, Alabama, Geórgia, Louisiana, Virgínia e Texas, todos eles estados escravistas, após a vitória do republicano Abraham Lincoln à presidência dos Estados Unidos, em 1860. Quatro estados escravistas – Delaware, Kentucky, Maryland e Missouri – permaneceram na União. Ao longo do tempo, a Guerra se transformou em um conflito total, até que o Norte impôs uma derrota completa sobre o Sul e aboliu a escravidão através da 13ª Emenda.

> Vencedora, a União ocupou o Sul entre 1865 e 1877, período conhecido como Reconstrução. Foram, então, aprovadas as chamadas Emendas da Reconstrução: a 13ª, de 1865, abolia a escravidão; a 14ª, de 1868, criava uma cidadania nacional e estendia a todos os direitos de cidadania e ao devido processo legal; a 15ª, de 1870, afirmava que a ninguém poderia ser negado o direito de voto por raça, cor ou condição prévia de cativeiro. A Reconstrução, portanto, foi um período em que a União buscou incorporar os ex-escravizados ao mundo dos direitos e da política.
>
> Hiram Revels (1827-1901) foi o primeiro afro-americano eleito senador dos Estados Unidos, pelo Mississippi, em 1870. Além dele, houve mais um senador afro-americano durante a Reconstrução, Blanche Bruce, também do Mississippi, e 21 deputados estaduais afro-americanos dos estados do Sul. Foi como uma reação à Reconstrução que surgiram a Ku Klux Klan (KKK) e outros grupos vigilantistas de supremacia branca. Com o fim da Reconstrução, os estados do Sul promoveriam políticas para retirar dos afro-americanos o direito de voto e estabelecer a segregação racial.

Nas décadas seguintes e ao longo do século XX, 14ª Emenda se tornaria um dos trechos mais acionados pela Suprema Corte dos Estados Unidos para criar normas ou dirimir questões em áreas em que o Congresso era omisso. Em 1973, por exemplo, foi com base nela que a Suprema Corte decidiu, em *Roe v. Wade*, pela constitucionalidade da interrupção voluntária da gravidez.

Esta é a ambiguidade do Estado central norte-americano elaborado pela Constituição, consolidada no século XIX e que o século XX herdou: se comparado às burocracias das monarquias europeias, o Estado central norte-americano parecia rarefeito – em 1816, a União tinha apenas 4.837 funcionários civis. No entanto, ele atuou decisivamente para defender os interesses da escravidão, para consolidar o território nacional – e, portanto, um mercado nacional integrado – e para desenhar as instituições do livre mercado. Os interesses ligados à manutenção da escravidão, em particular, foram de tal modo inscritos no coração do Estado desenhado pela Constituição que uma Emenda para abolir o trabalho de escravizados só se tornou possível como desdobramento da Guerra Civil.

No século XX, o Estado norte-americano tomou feição completamente nova. O Poder Legislativo produziu muito mais leis, o Poder Executivo se fortaleceu e surgiu o chamado "Estado Administrativo", que aprofundou ainda mais a participação estatal na vida social e econômica dos Estados Unidos.

A ERA PROGRESSISTA E O ESTADO ADMINISTRATIVO

Em princípios do século XX, os Estados Unidos eram um país muito diferente daquele que vira a Constituição nascer. Em 1790, 4 milhões de habitantes moravam no campo, povoados ou pequenas cidades. Filadélfia, onde a Constituição foi escrita, tinha 40 mil habitantes. Em 1900, eram 76 milhões os habitantes do país e a Filadélfia tinha 1,3 milhão de moradores. A escravidão fora abolida, milhões de imigrantes viviam em cortiços de cidades como Nova York e Chicago, relações de trabalho assalariadas haviam se generalizado, corporações dominavam a economia e jornalistas investigativos, chamados de *muckrakers*, denunciavam a corrupção de magnatas da indústria e da política. Conflitos trabalhistas haviam se tornado comuns. A Grande Greve Ferroviária, de 1877, havia resultado em mais de 100 trabalhadores mortos; na greve de Paint Creek, Virgínia Ocidental, em 1912, cerca de 50 mineiros morreram; entre uma e outra, centenas de trabalhadores, se não alguns milhares, perderam suas vidas na luta por melhores condições de trabalho e remuneração. Para muitos, os *tempos de igualdade e liberdade* de que falava Tocqueville pareciam remotos, assim como a crença jeffersoniana na *virtude cívica dos cidadãos*. Embora não houvesse consenso de como fazê-lo, o desafio dos reformadores da Era Progressista era restaurar a perdida *harmonia social* que, no seu entender, teria caracterizado os primeiros anos da República.

Como a Reconstrução, a Era Progressista foi um momento de importantes Emendas à Constituição. A 16ª, de 1913, criava o imposto de renda federal; a 17ª, do mesmo ano, estabelecia eleições diretas de senadores; a 18ª, de 1919, conhecida como Lei Seca, proibia manufatura, venda ou transporte de bebidas alcoólicas; e a 19ª, de 1920, assegurava o voto feminino. Tais Emendas evidenciam ao menos três estratégias de diferentes intelectuais, movimentos sociais e correntes ideológicas associados à Era Progressista com vistas à restauração da harmonia social: a reforma de hábitos morais, a democratização do Estado e a expansão das capacidades administrativas da União.

Para muitos progressistas, a crise pela qual então passava o país resultava da erosão dos valores americanos causada pela cidade grande e suas máquinas eleitorais corruptas, assim como pelos imigrantes e seus hábitos e crenças antiamericanos, como o socialismo, o anarquismo, o comunismo, o crime organizado e o alcoolismo. Apesar de serem parte de um movimento associado à ideia de progresso, tais progressistas eram cultural e socialmente mais próximos da tradição conservadora e viam no constrangimento ao consumo do álcool, através da 18ª Emenda, uma forma de impor valores puritanos sobre indivíduos reféns das consequências que julgavam inevitáveis da bebida: jogo, prostituição, sífilis, tuberculose, incapacidade laboral, pobreza e desarticulação familiar.

A 18ª Emenda e Al Capone

A 18ª é, até hoje, a única Emenda revogada por outra, a 21ª, de 1933. Tornara-se claro, então, o fracasso da proibição de um hábito de consumo de milhões de pessoas, e ainda mais claro que seus beneficiários eram agentes públicos corruptos e a máfia. Alphonse Gabriel Capone, o Al Capone, é o símbolo máximo da era de ouro do crime organizado em Chicago. Nascido em 1899, em Nova York, filho de pais italianos, Capone fez fortuna graças à comercialização de bebidas alcóolicas, realizada sob o manto protetor da polícia e de políticos corruptos. Grande doador para instituições de caridade e apreciador de óperas, ele acabaria preso não por seus crimes brutais, mas sob a acusação de evasão de divisas.

Ao contrário da 18ª Emenda, a 17ª e a 19ª resultaram da luta de movimentos sociais para ampliar os espaços de participação cidadã. A 17ª transferia o poder de eleger os senadores das assembleias legislativas estaduais para os cidadãos, ao passo que a 19ª, ao assegurar o voto feminino, incorporou as mulheres ao mundo da cidadania.

O alcance democratizador das Emendas 17 e 19, no entanto, foi limitado graças à seção 4 do artigo 1 da Constituição, que atribui aos estados o poder de organizar as eleições. Tal seção nunca foi objeto de Emenda, o que significa dizer que os estados do Sul conseguiram contornar a 15ª Emenda introduzindo impostos e testes de alfabetização, com o objetivo de eliminar o voto de afro-americanos. A ampliação da cidadania proporcionada pelas Emendas 17 e 19, portanto, reproduziu o caráter racializado da cidadania, e o "povo norte-americano" do início do século XX continuava a ser quase tão branco como aquele que ordenara e estabelecera a Constituição, em fins do século XVIII.

Emmeline Pankhurst faz seu famoso discurso "Liberdade ou morte", em defesa do voto feminino, para uma plateia de homens. Ela e eles, brancos. Connecticut, 1913.

De outra natureza foi a 16ª Emenda, mais claramente associada ao nascimento do Estado Administrativo, pois o imposto de renda foi fundamental para financiar a expansão das capacidades do governo federal.

Para muitos progressistas, a causa da crise pela qual então passavam os Estados Unidos não era a erosão dos valores americanos, tampouco a insuficiência de controle democrático sobre o Estado, mas a incapacidade do liberalismo clássico em reproduzir uma sociedade liberal. Para eles, o mercado autorregulável, a liberdade individual e os direitos do consumidor haviam se tornado ficção diante do advento das corporações, que oligopolizavam mercados e concentravam renda e riqueza. Em 1909, o intelectual progressista Herbert Croly publicou *The Promise of American Life* (A promessa da vida americana), um clássico do pensamento social norte-americano, em que defendia um acordo entre Estado, corporações e sindicatos de trabalhadores para construir uma política nacional de rendas, social e moralmente aceitável. O desafio que propunha era preservar o que entendia serem os aspectos positivos das corporações – capacidade de realizar grandes investimentos, organizar a concorrência, injetar racionalidade administrativa e aumentar a produtividade do trabalho – e minimizar os negativos – o poder de determinar salários e preços e a qualidade dos produtos e serviços –, dotando o Estado de uma burocracia profissional especializada que, guiada exclusivamente pela busca do bem comum, regulasse a economia.

Tal burocracia acabou encontrando abrigo nas chamadas "agências administrativas". Criadas pelo Congresso com base na "cláusula necessária e adequada" e na "cláusula de comércio", as agências administrativas ganharam impulso nas presidências do republicano Theodore Roosevelt (1901-1909) e do democrata Woodrow Wilson (1913-1921), e reuniam funções *quasi*-legislativas (pois derivava do Congresso seu poder de criar normas para os setores econômicos que iriam regular) e *quasi*-judiciais (pois suas decisões eram sujeitas à revisão judicial) para regular áreas específicas de atividade econômica. Em 1906, após clamor popular gerado pela publicação de *The Jungle* (A selva), em que o *muckraker* e romancista Upton Sinclair denunciava práticas pouco higiênicas das corporações produtoras de carne, o Congresso criou aquela que talvez seja a mais conhecida de tais agências, a Administração de Alimentos e Drogas (FDA, na sigla em inglês), com o objetivo de regular a qualidade de alimentos, tabaco, fármacos e outros produtos relacionados à saúde (em 2021, a FDA ganharia manchetes no mundo inteiro por autorizar a primeira vacina contra a covid). A expansão das capacidades do Estado também se deu através da criação de um novo ministério, o Departamento do Trabalho, e de uma agência independente para realizar o papel de banco central, o Sistema de Reserva Federal (FED, na sigla em inglês), ambos de 1913.

Nos anos 1920, no entanto, o Estado Administrativo deu lugar à chamada *volta à normalidade,* como ficou conhecida a política do presidente republicano Warren Harding, ou seja, à tradicional defesa do livre mercado. Não que o Estado houvesse se retirado da sua atuação sobre a economia. Ao longo da década, diante do menor protagonismo do Legislativo e do Executivo na criação e no funcionamento de agências administrativas, o Judiciário voltou a atuar como elemento de desarticulação do movimento sindical. O Sindicato dos Mineiros Unidos (UMW, na sigla em inglês) recebeu sentenças condenatórias em todo o repertório legal desenvolvido pelos tribunais no século XIX, como por conspiração na Virgínia Ocidental e ordens judiciais em Indianápolis.

> Os "Loucos Anos 20" foram a tal ponto associados à exaltação da livre iniciativa e do mercado autorregulável que um dos seus maiores *best-sellers*, *The Man Nobody Knows* (O homem que ninguém conhece), de Bruce Barton, publicado em 1925, apresentava Jesus Cristo como o fundador do moderno mundo dos negócios e os 12 apóstolos como executivos de uma grande corporação transnacional.

Apenas no New Deal o Congresso voltaria a ter protagonismo na promulgação de leis para regular a economia, e o Estado Administrativo seria revigorado e expandido através de novas agências. Durante décadas, até o governo Jimmy Carter (1977-1981), dezenas de agências administrativas seriam criadas, tanto por presidentes democratas quanto republicanos, para regular temas variados como, por exemplo, segurança dos veículos e nos locais de trabalho. Em 1970, em razão das crescentes preocupações com os impactos ambientais do crescimento industrial, o republicano Richard Nixon criou outra das mais conhecidas – e combatidas por interesses econômicos – agências administrativas, a Agência de Proteção Ambiental (EPA, na sigla em inglês). A tal ponto as agências administrativas se tornaram parte do aparelho do Estado norte-americano que acabaram por ser chamadas de "Quarto Poder": em 2021, o Código de Leis aprovadas pelo Congresso ocupava 44 mil páginas, contra 185 mil do Código de Regulações Federais.

O NEW DEAL E O PAPEL DA SUPREMA CORTE NO SISTEMA POLÍTICO NORTE-AMERICANO

Quando o democrata Franklin D. Roosevelt assumiu a presidência dos Estados Unidos, em 1933, a Grande Depressão havia produzido milhões de desempregados no campo e nas cidades. Filas de sopa e *hoovervilles* (favelas batizadas com o nome do presidente republicano Herbert Hoover, 1929-1933) eram parte do cenário urbano. Para fazer frente à situação, Roosevelt estava convencido de que o Estado deveria assumir papel na provisão social. Nos chamados "cem dias", entre março e junho de 1933, o Congresso de maioria democrata criou programas sociais, como a Lei Federal de Amparo (FERA, na sigla em inglês), que chegou a auxiliar 2,5 milhões de norte-americanos em seus momentos de pico, e o Corpos Civis de Conservação (CCC), que mobilizaram outros 2,5 milhões de rapazes para plantar dois bilhões de árvores e restaurar sítios históricos e parques nacionais, alfabetizando, ainda, cerca de 35 mil deles em 2.500 acampamentos espalhados pelo país. Nos anos seguintes, novos programas de geração de emprego e renda foram criados, como o Projeto Federal de Música (FMP, na sigla em inglês), que enviou músicos para regiões rurais que nunca haviam visto orquestras sinfônicas, e o Projeto Federal de Teatro (FTP, na sigla em inglês), que empregou atores para encenar William Shakespeare e outros autores clássicos em bairros pobres das grandes cidades, inclusive afro-americanos.

"Mãe Migrante"

A serviço da Administração de Segurança Agrícola (FSA, na sigla em inglês), a fotógrafa Dorothea Lange revelou um cenário de desolação humana e pobreza rural branca que pouquíssimos moradores das grandes cidades da Costa Leste e do Meio-Oeste tinham consciência de existir. "Mãe Migrante", sua foto mais conhecida, foi tirada na Califórnia em 1936. Retrata Florence Owens Thompson com alguns de seus dez filhos. No mesmo ano, John Steinbeck escreveu diversos artigos para o *San Francisco News* sobre as condições de vida dos trabalhadores que saíam de suas fazendas no Meio-Oeste, perdidas por dívidas e tempestades de areia, e migravam para a Califórnia, matéria bruta do seu romance *As vinhas da ira*, de 1939, filmado um ano depois por John Ford. Ao morrer, em 1983, Florence Thompson, a Mãe Migrante, ainda estava em trânsito: vivia em um trailer na mesma Califórnia da foto.

Library of Congress

Pela primeira vez, também, políticas públicas da União alcançaram regiões e populações em praticamente todo o território nacional. A Autoridade do Vale do Tennessee (TVA, na sigla em inglês) foi o primeiro grande projeto de planejamento regional dos Estados Unidos, abrangendo sete estados ao longo do vale do rio Tennessee e seus afluentes. Mesmo pequenas comunidades de regiões remotas, como os Montes Apalaches, foram alcançadas através do Projeto de Bibliotecas em Lombo de Cavalos (PHLP, na sigla em inglês). Focado principalmente no estado do Kentucky, bibliotecários a cavalo do PHLP levavam materiais impressos – revistas, folhetos, livros – para populações rurais isoladas, assoladas pela pobreza e por altos índices de analfabetismo. Em 1936, o projeto havia beneficiado 50 mil famílias e, no ano seguinte, auxiliado 155 escolas rurais.

Em uma cultura política fortemente marcada pelo princípio da responsabilidade individual, pela filantropia privada e pelo princípio liberal clássico do indivíduo como matriz básica de organização da sociedade, o governo Roosevelt buscou construir a visão da responsabilidade coletiva e do papel do Estado como restaurador da democracia, da justiça e da dignidade na vida norte-americana. Todos os *homens esquecidos*, termo cunhado pelo presidente, deveriam se tornar sujeitos de direitos a serem assegurados pelo Estado, inclusive no campo da economia. Pesquisa de opinião realizada pela revista *Fortune*, em 1935, mostrou que 90% dos norte-americanos de baixa renda achavam que o governo federal deveria garantir trabalho e renda aos desempregados, compreendendo o emprego não como uma relação contratual privada, subordinada às contingências do mercado, mas como um direito de cidadania. O New Deal, portanto, reverteu a tradicional desconfiança de muitos norte-americanos para com o governo central, e Franklin D. Roosevelt chegou a ser objeto de um verdadeiro culto à personalidade. Seu retrato se espalhou por salas de estar de famílias da classe trabalhadora, que se reuniam para ouvir as *fireside chats* (conversas ao pé da lareira), inaugurando o uso do rádio como meio de comunicação de massas para fins políticos.

Não menos importante, o Estado passou, também, a ter destaque muito maior na regulação da economia, principalmente a partir da expansão do Estado Administrativo, através de leis como a Lei de Seguridade Social e a Lei Nacional de Relações de Trabalho, ambas de 1935.

> **Edifício do Federal Reserve, em Washington, DC, inaugurado em 1937**
>
> Como tantos regimes dos anos 1930 – como o de Getúlio Vargas, no Brasil, que construiu o Palácio Gustavo Capanema e os edifícios do Ministério do Trabalho e da Fazenda no Rio de Janeiro –, o New Deal também buscou afirmar a nova força do Estado através da arquitetura, fosse em cidades pequenas, com a construção de agências de correio, fosse nas cidades grandes, por meio de edifícios monumentais como o Federal Reserve, em Washington, DC, inaugurado em 1937.
>
>

Mudanças tão profundas no papel do Estado encontraram forte oposição dos republicanos. Fundado em 1854, o Partido Republicano de Abraham Lincoln liderou a União na Guerra Civil, tornou-se o fiador da Emancipação, em 1865, e da Reconstrução, até 1877, e nas primeiras décadas do século XX ainda abrigava lideranças associadas à reforma social, como Fiorello La Guardia, prefeito de Nova York entre 1934 e 1946, e Robert La Follette, governador de Wisconsin entre 1901 e 1906 e, depois, senador até 1925. Com a *volta à normalidade* de Warren Harding nos anos 1920, no entanto, ele se consolidou como o partido do livre mercado.

Não faltaram, também, acusações de que o New Deal seria um sistema autoritário e coletivista, como o fascismo, o nazismo e o comunismo. Henry Louis Mencken, importante jornalista e crítico cultural, chegou a afirmar que, na Constituição do New Deal, todos os poderes eram investidos no presidente. Empresários organizaram a Liga Americana da Liberdade, acusando o New Deal de expropriação de riquezas sem o devido processo legal. No entanto, a oposição que mais ameaçou o New Deal não veio de deputados e senadores eleitos, tampouco de organizações da sociedade civil ligadas ao livre mercado, mas de outro poder da República, a Suprema Corte dos Estados Unidos.

A Constituição não atribui expressamente à Suprema Corte o controle da constitucionalidade das leis, embora o documento Escritos Federalistas n. 78, elaborado por Alexander Hamilton, a ela atribua tal poder. Entendido como implícito ao Artigo III, o controle foi autoatribuído pela Corte em *Marbury v. Madison*, de 1803, tornando-se, a partir de então, parte fundamental do sistema judicial norte-americano. Como a linguagem da Constituição frequentemente dá margem a múltiplas leituras, como evidenciam a "cláusula de comércio" e a "cláusula necessária e adequada", Oliver Wendell Holmes, juiz entre 1902 e 1932, chegou a afirmar ser possível interpretar qualquer princípio constitucional de maneiras completamente diferentes, a depender da escola jurídica dos juízes.

As escolas de interpretação da Constituição

Diversas tradições de interpretação da Constituição foram elaboradas para aferir a constitucionalidade das leis. De modo sucinto, elas podem ser reunidas em dois grandes grupos (embora tal nomenclatura só tenha se consolidado no século XXI):

- *Originalistas*: buscam apreender a intenção original dos homens que escreveram a Constituição em fins do século XVIII. Defendem a estabilidade do texto constitucional, de modo a dar previsibilidade ao processo judicial e, portanto, garantir a segurança jurídica. (Críticos do originalismo afirmam que o significado tido como original pelos originalistas é construído pelos próprios originalistas, segundo suas crenças e valores políticos, e que uma Constituição de mais de 200 anos não pode ser tomada literalmente para lidar com temas que, em seu tempo de elaboração, sequer existiam.) Na tradição política norte-americana, os originalistas seriam mais próximos do legado de Thomas Jefferson, por buscarem restringir o alcance dos poderes implícitos e o poder da União na regulação da vida econômica e social, e atribuírem maior poder aos estados.

30 ESTADOS UNIDOS NO SÉCULO XX

- *Pragmáticos* ou *adeptos da Constituição viva*: pesam custos e benefícios de cada interpretação, e escolhem a que julgam produzir o melhor resultado para a sociedade. De modo geral, pragmáticos aceitam um maior protagonismo da União na regulação da vida econômica e social a partir de leituras mais amplas da "cláusula de comércio" e da "cláusula necessária e adequada", assim como dos poderes implícitos. (Críticos do pragmatismo afirmam que a ideia de melhor resultado para a sociedade é de natureza política, o que acaba por atribuir ao Judiciário uma tarefa que deveria ser do Legislativo, ou seja, aperfeiçoar o ordenamento jurídico e a própria sociedade.) Na tradição política norte-americana, os pragmáticos seriam mais próximos do legado de Alexander Hamilton.

Em seu primeiro mandato, Franklin D. Roosevelt teve que lidar com uma Suprema Corte formada por quatro juízes contrários ao New Deal, chamados "Quatro Cavaleiros", três juízes simpáticos ao New Deal, conhecidos como "Três Mosqueteiros", e dois juízes que faziam o papel de fiéis da balança. Em 1935, os fiéis da balança se juntaram aos Quatro Cavaleiros para declarar inconstitucionais duas das mais importantes leis dos "cem dias", a Lei de Ajuste da Agricultura (AAA, na sigla em inglês) e a Lei Nacional de Recuperação Industrial (NIRA, na sigla em inglês), que formavam o coração do programa de recuperação econômica do chamado primeiro New Deal (1933-1935). Roosevelt decidiu, então, partir para o ataque contra a Suprema Corte. Como o número de juízes é matéria de legislação ordinária, em janeiro de 1937 ele propôs uma lei que adicionasse um juiz a cada juiz que atingisse 75 anos e não se aposentasse voluntariamente, até atingir o limite de 15 juízes. O objetivo era indicar Mosqueteiros e assegurar a constitucionalidade de duas leis aprovadas pelo Congresso em 1935, a Lei de Seguridade Social (SSA, na sigla em inglês) e a Lei Nacional de Relações de Trabalho (NLRA, na sigla em inglês).

A proposta encontrou forte oposição na opinião pública e no Congresso, inclusive entre democratas, e não foi adiante. No entanto, temendo o desgaste de continuar a rejeitar leis propostas por um governo reeleito em 1936 com uma vitória esmagadora (27,7 milhões de votos populares e 532 votos no Colégio Eleitoral, contra 16,6 milhões de votos populares e 8 votos no Colégio Eleitoral do republicano Alfred Landon), os fiéis da balança acabaram se juntando aos Três Mosqueteiros para aprovar a constitucionalidade da SSA, com base na "cláusula da taxação e do gasto", e da NLRA, graças a uma leitura bastante elástica da "cláusula de comércio", segundo a qual disputas trabalhistas industriais, por afetarem o fluxo do comércio interestadual, poderiam ser reguladas pela União.

No século XX não houve outra crise de tal magnitude entre a Suprema Corte e um presidente. Ainda assim, o controle da constitucionalidade das leis acabou por atribuir enorme poder político aos juízes, que são indicados pelo presidente e têm mandato vitalício. De modo geral, presidentes republicanos tendem a indicar para a Suprema Corte juízes originalistas, e presidentes democratas tendem a indicar juízes pragmáticos. A uni-los, a torcida para que juízes do campo político adversário se aposentem voluntariamente (ou, não se deve descartar a hipótese, morram), para que possam indicar juízes que lhes sejam politicamente próximos e, de preferência, longevos. Em outras palavras, presidentes indicam juízes pensando no longo prazo, dado que estes podem apoiar presidentes do seu próprio campo ou inviabilizar programas e leis propostos por presidentes do campo adversário por muitas décadas. Willis Van Devanter, um dos Quatro Cavaleiros contrários ao New Deal, fora indicado à Suprema Corte dos Estados Unidos pelo presidente republicano William Howard Taft em 1911, ou seja, mais de 20 anos antes da eleição do democrata Franklin D. Roosevelt à presidência.

Não menos importante: a hesitação do Congresso em aprovar leis em áreas sensíveis para a opinião pública, como a dos direitos civis, acabou por atribuir à Suprema Corte o papel de decidir casos fundamentais relativos à segregação racial com base em princípios constitucionais sujeitos a interpretações subjetivas dos juízes. Em *Plessy v. Ferguson*, de 1896, a Suprema Corte decidiu que a segregação era constitucional com base na 14ª Emenda, mas, em 1954, em *Brown v. Board of Education*, a Suprema Corte decidiu que a segregação era inconstitucional com base na mesma 14ª Emenda. Em 1896 e 1954, nove homens não eleitos, protegidos de qualquer forma de controle pela sociedade, decidiram os destinos de milhões de homens, mulheres e crianças com base em uma Emenda aprovada em 1868 que não fazia qualquer referência ao tema da segregação. Pior: a decisão de 1896 era francamente contrária ao espírito da 14ª Emenda.

Nem o mais ferrenho originalista seria capaz de afirmar que os homens reunidos na Filadélfia, em 1787, tinham a intenção de atribuir tal poder à Suprema Corte.

O ESTADO DE BEM-ESTAR SOCIAL, A DIVISÃO
DE PODERES E O SISTEMA PARTIDÁRIO-ELEITORAL

No início do século XX, parte significativa da população de grandes e médias cidades era composta por famílias trabalhadoras, muitas imigrantes ou norte-americanas de primeira ou segunda geração, que não possuíam redes tradicionais de proteção social (como famílias extensas, vizinhos antigos ou filiação a instituições religiosas) e cujo único meio de sobrevivência era o salário. Diante de doença ou velhice, desviavam parte de seus rendimentos para os cuidados necessários. Em casos incapacitantes, dois salários poderiam se perder: o da pessoa a ser cuidada e o do cuidador. Pairando sobre todos, a constante ameaça do desemprego. Por isso, a Era Progressista viu crescer a demanda por políticas públicas que atenuassem a insegurança social de uma economia baseada em salários, como planos de aposentadoria, seguro-desemprego e acesso a serviços de saúde.

Os próprios progressistas, no entanto, foram tímidos a respeito do tema. Numa época marcada pelo darwinismo social, os que entendiam a pobreza como resultado da erosão dos valores americanos atribuíam as dificuldades de cada um às suas limitações pessoais e viam a assistência social, na melhor das hipóteses, como objeto de filantropia. Os que entendiam os problemas sociais como resultado da incapacidade do liberalismo clássico em reproduzir uma sociedade liberal estavam mais preocupados em construir novas formas de articulação entre Estado e mercado e uma política nacional de rendas. O entendimento então corrente do federalismo, por outro lado, restringia tais questões aos estados, para os quais políticas sociais significavam elevação de impostos, algo sempre politicamente difícil. Entre 1918 e 1920, dezenas de legislativos estaduais derrotaram projetos de saúde pública e, em 1935, apenas 3% dos idosos tinham planos estaduais de aposentadoria. A Lei de Seguridade Social do New Deal, de 1935, tornou-se o embrião do Estado de Bem-Estar Social norte-americano.

Com a entrada dos Estados Unidos na Segunda Guerra Mundial, em dezembro de 1941, o impulso reformista do New Deal arrefeceu. Ainda assim, durante o conflito, os Estados Unidos e diversos países europeus desenharam políticas sociais a serem implementadas no pós-guerra. Havia, então, a percepção de ser preciso retribuir os enormes sacrifícios realizados pela população trabalhadora para o esforço de guerra e, não menos importante, dar respostas a reivindicações operárias que remontavam ao século XIX, de modo a evidenciar ter o capitalismo maior capacidade de proporcionar bem-estar aos trabalhadores do que o regime que vigorava na União Soviética. Em 1942, o Relatório Beveridge desenhou os contornos do Estado de Bem-Estar Social britânico. Meses depois, no Discurso do Estado da União de 1943, Franklin D. Roosevelt anunciou a Segunda Carta dos Direitos, que propunha tornar direitos da cidadania o acesso à saúde e a proteção contra idade, doença e desemprego.

Os Discursos do Estado da União de Franklin D. Roosevelt durante a Segunda Guerra Mundial

A Constituição determina que o Presidente, em seu Discurso do Estado da União realizado anualmente perante o Congresso, faça uma análise dos problemas enfrentados pelos Estados Unidos e proponha medidas para superá-los.

Durante a Segunda Guerra Mundial, Roosevelt fez dois discursos relacionados à questão do bem-estar social: o primeiro, em janeiro de 1941, conhecido como Discurso das Quatro Liberdades; o segundo, de 1943, conhecido como Discurso da Segunda Carta dos Direitos. No Discurso das Quatro Liberdades, proferido meses antes do ataque japonês a Pearl Harbor, Roosevelt afirmava os valores americanos como valores universais, em oposição ao nazifascismo. As Quatro Liberdades eram: liberdade de expressão e liberdade religiosa, ambas asseguradas pela Primeira Emenda à Constituição, acrescidas pela liberdade da necessidade (no sentido de liberdade de viver sem miséria) e da liberdade do medo (no sentido de liberdade de viver sem medo).

Ao formular a ideia de que a Primeira Carta de Direitos era incompleta, por não assegurar os direitos ao trabalho, à renda adequada, à moradia decente, à assistência médica, à seguridade social e à educação, a Segunda Carta dos Direitos representou um desdobramento do Discurso das Quatro Liberdades.

O Relatório Beveridge e a Segunda Carta dos Direitos convergiam na universalidade dos cidadãos ao acesso à provisão do Estado. A partir de 1945, no entanto, britânicos avançaram na universalização de políticas públicas – assim como outros europeus –, ao passo que norte-americanos implementaram um Estado de Bem-Estar Social mais próximo àquele estabelecido pela Lei dos Veteranos de Guerra, de 1944, que dava acesso a programas de saúde, crédito para abertura de negócios, financiamento da casa própria e educação a um grupo específico de beneficiários, os ex-combatentes.

O parlamentarismo britânico e o presidencialismo norte-americano ajudam a explicar resultados tão divergentes.

Deputados britânicos e norte-americanos são eleitos em distritos através do sistema majoritário, segundo o qual o candidato mais votado em cada distrito ganha assento, respectivamente, na Câmara dos Comuns e na Câmara dos Deputados. Historicamente, tal sistema eleitoral tem resultado em apenas dois partidos com expressão parlamentar: no caso britânico, trabalhistas e conservadores desde a década de 1920; no caso norte-americano, republicanos e democratas desde a década de 1850.

As semelhanças param por aí.

No parlamentarismo britânico, o partido com maioria na Câmara dos Comuns indica o primeiro-ministro (a Câmara dos Lordes, cujos poderes são limitados, não participa da formação do governo). O governo, portanto, nasce de uma maioria parlamentar e dela depende para sobreviver. Em julho de 1945, dois meses após o fim do conflito mundial, o Partido Conservador de Winston Churchill foi derrotado pelo Trabalhista de Clement Attlee, que, a partir de sua maioria parlamentar na Câmara dos Comuns, montou, entre 1945 e 1951, o Estado de Bem-Estar Social britânico, com destaque para a criação do Sistema Nacional de Saúde em 1946.

No sistema de freios e contrapesos do presidencialismo norte-americano, pelo contrário, os Poderes Executivo e Legislativo são independentes e os mandatos de seus ocupantes não coincidem. Mais: o Legislativo é dividido em duas Câmaras, uma representando o povo (Câmara dos Deputados), outra representando os estados (Senado), e os projetos de lei precisam ser aprovados por ambas. Deputados são eleitos por dois anos, senadores por seis (a cada dois anos, 1/3 do Senado é renovado) e o presidente por quatro. Nos anos em que eleições presidenciais e legislativas coincidem, o partido do presidente tende a fazer maioria na Câmara e, dependendo da composição anterior, no Senado. Dois anos depois, nas eleições no meio do mandato presidencial para deputados e renovação de 1/3 do Senado, o partido de oposição ao presidente frequentemente vence, dado o natural desgaste deste e a percepção de que tal eleição é um referendo acerca do seu mandato. Como são apenas dois os partidos, o presidente, quando em minoria no Congresso, não tem como construir coalizões em busca de maioria (como no presidencialismo de coalizão brasileiro, fruto de um sistema eleitoral proporcional para a Câmara Federal) e pode acabar governando com oposição na Câmara, no Senado ou em ambos.

Foi o que aconteceu com o presidente democrata Harry Truman (1945-1953). Roosevelt morreu em abril de 1945, um mês antes da vitória dos Aliados sobre a Alemanha nazista, e Truman, seu vice, propôs, ao assumir a presidência, um conjunto de reformas que previam a ampliação da Seguridade Social, práticas antidiscriminatórias no emprego, auxílio federal à educação e à moradia, além de um sistema nacional de saúde. Controlando Câmara e Senado nas eleições de meio-termo de 1946, o Partido Republicano foi decisivo para frear o reformismo do presidente.

Franklin D. Roosevelt conduziu os Estados Unidos na Segunda Guerra Mundial, mas não viveu para ver a vitória dos Aliados. Morto em 12 de abril de 1945, ele é considerado o mais importante presidente democrata do século XX (Ronald Reagan é considerado o mais importante dos republicanos). Sua energia, otimismo e capacidade de sedução eram acrescidos pela história de superação individual: aos 39 anos, Roosevelt contraiu poliomielite, o que não o impediu de iniciar a carreira política que o levaria à presidência. Na intimidade, utilizava cadeira de rodas, mas em aparições públicas vestia uma estrutura de ferro que sustentava suas pernas.

O controle republicano do Congresso de 1946, no entanto, não explica, sozinho, a timidez das realizações de Truman no campo do bem-estar social. Os democratas retomaram o controle do Congresso em 1948, acompanhando a reeleição do presidente, mas as reformas tampouco avançaram, porque parcelas importantes do próprio Partido Democrata eram a elas contrárias.

Partidos norte-americanos são menos coesos do que os britânicos tanto em razão das enormes diferenças regionais dos Estados Unidos, do federalismo, da heterogeneidade étnica, racial, religiosa e cultural da população e da complexidade da estrutura econômica do país, quanto por causa do próprio presidencialismo e da separação de poderes. Como o presidente não perde o cargo se perder maioria no Congresso, risco sempre presente para o primeiro-ministro britânico, o estímulo à coesão partidária se afrouxa nos partidos norte-americanos. Frequentemente, deputados do partido do presidente são mais atentos às demandas dos eleitores dos seus distritos do que às do seu governo. Tal característica do sistema político norte-americano ficou evidente no enfrentamento da segregação racial, outro elemento importante para o desenho do Estado de Bem-Estar Social norte-americano.

Enquanto britânicos estenderam direitos sociais a cidadãos que já eram titulares de direitos civis e políticos, nos Estados Unidos parcelas expressivas dos trabalhadores afro-americanos do Sul sequer podiam votar, fazendo com que a construção de um sistema nacional de bem-estar perdesse uma importante base de sustentação eleitoral. Mais: a resistência de diversos estados do Sul em estender igualdade civil e política a afro-americanos era politicamente representada no Congresso pelo próprio partido que construía o Estado de Bem-Estar Social, o Democrata. Tal questão havia sido enfrentada por Roosevelt durante o New Deal. Entre 1896 e a década de 1930, dois a cada três parlamentares democratas no Congresso eram sulistas, quase todos defensores da segregação racial. Roosevelt precisava de seus votos para fazer avançar a agenda econômica de enfrentamento à Grande Depressão e foi obrigado a um compromisso: recebeu apoio para sua política de fortalecimento dos sindicatos, em 1935, mas limitou o alcance da seguridade social, deixando fora de sua cobertura trabalhadores agrícolas e domésticos, excluindo fortemente os afro-americanos.

Nas eleições presidenciais de 1948, o Partido Democrata sofreu duas dissidências: à esquerda, com a candidatura de Henry Wallace (vice-presidente de Franklin D. Roosevelt, entre 1941 e 1945), pelo Partido Progressista; à direita, com o Partido Democrata dos Direitos dos Estados, também conhecido como Dixiecrat, com a candidatura do governador Strom Thurmond, da Carolina do Sul. O Dixiecrat reunia democratas segregacionistas do Sul que não aceitavam a política de integração racial de Truman. Com a divisão do Partido Democrata, o favorito à eleição era o republicano Thomas E. Dewey. Para surpresa de todos, Truman foi eleito, mas Thurmond conquistou os delegados ao Colégio Eleitoral dos estados da Louisiana, Mississippi, Alabama e Carolina do Sul.

Por outro lado, sequer entre os eleitores da classe trabalhadora branca havia consenso sobre o papel a ser assumido pelo Estado na provisão social. No pós-Segunda Guerra, trabalhadores brancos sindicalizados estavam divididos entre duas centrais sindicais: a Federação Americana do Trabalho (AFL, na sigla em inglês), que defendia negociações coletivas para conquistar ganhos salariais e melhores condições de trabalho; e o Congresso de Organizações Industriais (CIO, na sigla em inglês), que defendia políticas sociais e econômicas próximas às dos Estados de Bem-Estar Social da social-democracia europeia. Nos anos 1950, o triunfo da AFL sobre o CIO resultou em negociações coletivas de trabalho com as grandes corporações norte-americanas, que criaram um sistema privado de bem-estar para trabalhadores industriais sindicalizados brancos, ora complementar ao público, como no caso dos fundos de pensão e a seguridade social, ora em substituição a este, como no caso dos planos privados de saúde.

Se no pós-Segunda Guerra contratos coletivos de trabalho garantiram bons salários e um sistema privado de bem-estar social para os trabalhadores industriais, 30% dos norte-americanos viviam em situação abaixo da linha de pobreza, como mostrou Michael Harrington em seu livro *A outra América*, de 1962. Foi um choque para uma sociedade que se pensava de classe média. A falta de acesso à saúde, em particular, revelava-se uma urgência social. Em 1964, 50% dos idosos não estavam cobertos por planos de saúde privados e apenas 25% tinham plena proteção hospitalar. Trabalhadores agrícolas, não sindicalizados e autônomos, assim como boa parte dos afro-americanos, não estavam cobertos por plano algum. Diante desse quadro, em 1965 o Congresso de maioria democrata aprovou o Medicare e o Medicaid. Ao contrário do acesso universal a serviços de saúde proporcionado pelo Sistema Nacional de Saúde britânico, o Medicare era voltado exclusivamente para as necessidades médicas de idosos acima de 65 anos e o Medicaid para as necessidades médicas de pessoas de baixa renda, dois segmentos da população pouco atraentes para os planos privados de saúde.

O Medicaid e o Medicare foram partes integrantes da "Grande Sociedade" e da "Guerra à Pobreza" do presidente democrata Lyndon B. Johnson (1963-1969), o maior conjunto de iniciativas de proteção social desde o New Deal, que englobava, também, políticas de direitos civis para os afro-americanos, educação, artes, cultura, transportes, reformas urbanas, meio ambiente, auxílio-alimentação e qualificação profissional, de modo a constituir uma rede de proteção social para grupos em situação de vulnerabilidade social.

Construído entre os anos 1930 e 1960 por governos do Partido Democrata, o Estado de Bem-Estar Social norte-americano acabou, portanto, por assumir face diferente do inglês: enquanto este articula políticas sociais e direitos de cidadania, o norte-americano se volta para grupos focais em situação de risco social, como idosos, ex-combatentes, pessoas de baixa renda ou em situação ocasionalmente precária, como mães solo.

O PAPEL REPRESSIVO DO ESTADO

Em 1975, na esteira do Escândalo de Watergate, que culminou com a renúncia do presidente Richard Nixon, o Senado instalou o Comitê para Investigar Operações Governamentais Relativas a Atividades de Inteligência. O Comitê revelou que, desde os anos 1930, agências federais, como o Federal Bureau of Investigation (FBI), a Central Intelligence Agency (CIA), a National Security Agency (NSA) e o Internal Revenue Service (IRS) – que coleta o imposto de renda –, monitoraram, sem mandado judicial, comunicações de milhares de cidadãos e ativamente sabotaram indivíduos ou grupos tidos como ameaças à ordem pública, como o movimento contra a Guerra do Vietnã e o pastor Martin Luther King Jr., um dos líderes do movimento pelos direitos civis dos afro-americanos.

A violação de direitos individuais não começou, contudo, nos anos 1930. Ainda que as Dez Primeiras Emendas, conhecidas como Carta dos Direitos, assegurem aos cidadãos imunidades contra a ação arbitrária do Estado, liberdades individuais foram seguidamente constrangidas pelos governos da União e dos estados desde o século XVIII.

A Carta dos Direitos

Na época em que a Constituição foi escrita, muitos consideravam que ela atribuía poderes demais à União. Eram chamados de antifederalistas. Por isso, exigiram que fossem acrescentadas ao texto constitucional as Dez Primeiras Emendas, conhecidas como Carta dos Direitos. Ratificada em 1791, as principais Emendas da Carta são:

Primeira: veda ao Congresso a produção de leis que firam a liberdade de religião, expressão, imprensa, associação pacífica dos cidadãos e o direito de estes fazerem petições ao governo para o reparo de suas queixas.

Quarta: limita a busca e apreensão a situações em que haja motivo razoável e exige mandado judicial.

Quinta: garante julgamento por júri, o direito ao silêncio, de modo a evitar autoincriminação, o direito de ser julgado apenas uma vez pelos mesmos fatos e o direito de não ser privado da vida, da liberdade e da propriedade sem o devido processo legal.

Em 1798, no contexto das Guerras Napoleônicas, uma Lei de Sedição restringia a liberdade de expressão – ainda que garantida pela Primeira Emenda –, tornando ilegal a publicação de textos tidos com ameaças ao governo dos Estados Unidos, com penas de prisão e deportação para estrangeiros. Em 1918, no contexto da Grande Guerra, uma segunda Lei de Sedição foi aprovada pelo Congresso. O sindicato International Workers of the World (IWW) e o Partido Socialista Americano, que haviam se oposto à entrada dos Estados Unidos no conflito, foram duramente punidos a partir de tal Lei. Até 1918, o governo norte-americano prendeu cerca de 2 mil membros do IWW e Eugene Debs, líder do Partido Socialista, acabou condenado a 20 anos de prisão por ter feito um discurso contrário à entrada dos Estados Unidos no conflito.

Ambas as Leis de Sedição expiraram após as guerras que lhes deram origem. Ainda assim, em janeiro de 1920, no auge do chamado "Medo Vermelho" do pós-Grande Guerra, quando o acirramento do conflito social e um grande número de greves resultaram em uma histeria anticomunista que tomou conta de setores das classes médias, do empresariado e do governo, agentes federais prenderam cerca de 6 mil pessoas em 33 cidades sem acusação formal, episódio conhecido como *Palmer Raids*. Destes, ao menos 500 estrangeiros foram deportados, dentre os quais a anarquista russa Emma Goldman. A ação repressiva da União sobre o movimento sindical não se limitou ao Medo Vermelho. A Constituição autoriza o uso da força pela União para a manutenção da ordem interna, desde que solicitada por um estado. A partir de tais solicitações, forças federais foram acionadas para reprimir 18 grandes jornadas grevistas entre 1877 e 1941.

O papel de polícia da União ganhou força na Era Progressista. O assassinato do presidente William McKinley (1897-1901) por um militante anarquista, em 1901, resultou na criação do Bureau of Investigation, em 1908, embrião do FBI, de 1935. Seu objetivo era a manutenção da segurança doméstica, entendida sob ataque de anarquistas e comunistas. No pós-Segunda Guerra, sob a direção de J. Edgar Hoover, seu diretor entre 1935 e 1972, o FBI conheceria uma expansão inédita, criando um verdadeiro Estado dentro do Estado. Hoover, uma das figuras mais controversas da história dos Estados Unidos, transformou o FBI em uma burocracia altamente profissionalizada e especializada, ao mesmo tempo que o protegeu da supervisão do Congresso e do Judiciário. Sua longevidade à frente do órgão pode ser explicada pela coleta de informações – e ameaças – a respeito de todos os presidentes e de dezenas de parlamentares ao longo de quase quatro décadas.

Nos anos que se seguiram à Segunda Guerra, momento de escalada da Guerra Fria, a visão de que os Estados Unidos estavam sob ataque não apenas dos soviéticos, mas também de "inimigos internos", levou os Poderes Executivo e Legislativo a empreenderem um sistemático combate ao comunismo. Pouco mais de uma semana após anunciar a Doutrina de contenção da União Soviética que leva seu nome, em março de 1947, o presidente Truman assinou a Ordem Executiva 9835 para conter o que entendia ser a ameaça comunista dentro do governo. Entre 1947 e 1956, cerca de 5 milhões de funcionários federais foram investigados, resultando na demissão de cerca de 2,7 mil. No Congresso, o senador Joseph

McCarthy e o deputado – mais tarde presidente – Richard Nixon, ambos republicanos, assim como os Comitês de Atividades Antiamericanas da Câmara, de Segurança Interna do Senado e o Subcomitê de Operações Governamentais do Senado, alimentavam teorias de que haveria comunistas infiltrados não apenas em todas as instituições estatais, com destaque para o Departamento de Estado, mas também em Hollywood, na imprensa, nas escolas e nas indústrias de defesa.

Joseph McCarthy e o combate ao comunismo

Joseph McCarthy (1908-1957), senador republicano entre 1947 e 1957, fez do combate ao comunismo sua bandeira política. Em discurso de fevereiro de 1950, sem apresentar provas, ele afirmou existirem 205 comunistas infiltrados no Departamento de Estado. Presidente do Comitê de Operações do Governo no Senado, convocou dezenas de testemunhas e conduziu investigações contra departamentos do governo, sem, contudo, nunca produzir provas contra ninguém. Sua carreira inquisitorial foi finalmente interrompida quando atacou uma suposta subversão nas Forças Armadas em pleno governo do general e presidente Dwight Eisenhower. Em fins de 1954, McCarthy foi condenado por conduta "contrária às tradições do Senado" e entrou no ostracismo. Morreu pouco depois, aos 48 anos, provavelmente de cirrose hepática, mas seu nome entrou para a posteridade: *macarthismo* acabou virando sinônimo de *caça às bruxas*.

Joseph Nye Welch, advogado do Exército,
é interrogado por McCarthy em 9 de junho de 1954.

Toda a sociedade norte-americana sentiu, então, os efeitos da ação repressiva do Estado. Estúdios de Hollywood boicotaram atores, roteiristas e diretores, e a central sindical CIO expulsou cerca de 1 milhão de seus filiados. Robert Oppenheimer, físico que liderara a criação da bomba atômica durante a Segunda Guerra, perdeu protagonismo no mundo da Física norte-americana para o alemão Wernher von Braun, cujas credenciais anticomunistas eram incontestáveis: havia sido um nazista convicto. Assim como Emma Goldman e o casal Ethel e Julius Rosenberg, executado em 1953 por espionagem, Oppenheimer era judeu, o que contribuiu para alimentar a teoria conspiratória da associação entre judeus e o radicalismo político.

No Departamento de Estado, funcionários de origem asiática foram demitidos após a conquista do poder na China por Mao Tsé-tung, em 1949. Funcionários homossexuais, tidos como "vulneráveis à chantagem comunista", também perderam seus cargos. Nas universidades, centenas de professores foram demitidos por associação, suposta ou declarada, ao Partido Comunista.

Os dez de Hollywood

Em outubro de 1947, dez pessoas ligadas a Hollywood (produtores, diretores e roteiristas) – Alvah Bessie, Herbert Biberman, Lester Cole, Edward Dmytryk, Ring Lardner Jr., John Howard Lawson, Albert Maltz, Samuel Ornitz, Adrian Scott e Dalton Trumbo – foram convocados pelo Comitê de Atividades Antiamericanas da Câmara. Recusaram-se a responder a perguntas sobre supostas atividades comunistas e, após cumprirem prisão por desacato ao Congresso, foram impedidos de trabalhar pelos grandes estúdios durante anos.

Nos anos 1950, Dalton Trumbo escreveria diversos roteiros sem levar os devidos créditos. Somente em 1960, o diretor Otto Preminger revelou ser Trumbo o roteirista do filme *Exodus* e o ator Kirk Douglas disse ter sido Trumbo o roteirista de *Spartacus*, dirigido por Stanley Kubrick.

Em 1971, Trumbo dirigiu um clássico do cinema pacifista, *Johnny vai à guerra*, com uma história ambientada na época da Grande Guerra de 1914-1918. Nela, Johnny perde visão, audição e os quatro membros, mas não a consciência. Comunicando-se em código Morse através de batidas da cabeça, ele pede para ser exposto em público, de modo a denunciar os horrores da guerra, o que lhe é recusado. Pede, então, para sofrer eutanásia, o que também lhe é negado. O filme termina com Johnny batendo a cabeça, em código Morse, as letras SOS. Em uma sociedade dividida em razão da Guerra do Vietnã, *Johnny vai à guerra* causaria enorme impacto.

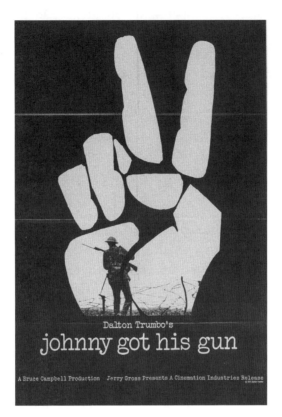

Cartaz do filme *Johnny vai à guerra*.

Se o governo da União violou direitos de cidadãos ao longo de boa parte do século XX, o papel repressivo dos estados sobre hábitos, preferências e escolhas individuais foi realizado de modo legal desde o século XIX.

Os homens reunidos na Convenção Constitucional da Filadélfia, em 1787, tinham uma perspectiva bastante negativa da natureza humana e eram céticos quanto à possibilidade de melhorá-la (em *O Federalista* n. 51, Madison chegou a afirmar que "se homens fossem anjos, governos seriam desnecessários"). Por isso, desenharam um arranjo institucional baseado em um sistema de freios e contrapesos em que todos se vigiassem mutuamente, protegendo o governo das "imperfeições humanas". Por outro lado, o Estado central que construíram era influenciado pela teoria liberal de que os cidadãos tinham direitos que deveriam ser protegidos do próprio Estado, como evidencia a Carta dos Direitos.

ESTADOS UNIDOS NO SÉCULO XX

Os estados, porém, operavam sob uma visão política diferente. Graças ao federalismo, que lhes dava amplo poder de organização interna e jurisdição sobre seus cidadãos, muitos estados inverteram a lógica que limitava o poder do governo federal sobre os direitos dos cidadãos e empreenderam verdadeiras cruzadas, com a justificativa de "elevar os padrões morais" destes, geralmente segundo critérios oriundos da tradição evangélica e do pensamento racial.

Por considerarem "imoral" a convivência entre as "raças", estados do Sul criaram leis de segregação racial após a Emancipação, em 1865, que só seriam totalmente abolidas em 1967, quando a Suprema Corte dos Estados Unidos, em *Loving v. Virgínia*, declarou inconstitucional a lei da Virgínia que proibia casamentos inter-raciais. Leis banindo prostituição (ainda em vigor no século XXI em dezenas de estados, como Texas, Alabama, Arizona e Nova York), consumo de álcool e jogos de azar se tornaram comuns na segunda metade do século XIX. Entre 1880 e a década de 1920, mais de 20 estados aprovaram leis criminalizando relações homossexuais. Em 1986, em *Bowers v. Hardwick*, a Suprema Corte dos Estados Unidos confirmou a constitucionalidade de uma lei da Geórgia que criminalizava sexo oral e anal, levando à prisão de um homem, Michael Hardwick, que fazia sexo consensual com outro homem em sua própria casa. Somente em 2003, em *Lawrence v. Texas*, leis estaduais tipificando como crime relações sexuais entre duas pessoas do mesmo sexo foram consideradas inconstitucionais pela Suprema Corte.

Loving v. Virgínia, 1967, e *Lawrence v. Texas*, 2003

Em 1958, Richard Loving, branco, e Mildred Jeter, de cor, no vocabulário racialista norte-americano, foram presos por violarem a lei da Virgínia que proibia o casamento inter-racial.

Definição de branco, segundo a lei: sem mistura de sangue ou mistura entre branco e nativoamericano, desde que o sangue deste correspondesse a 1/16 ou menos. Definição de pessoa de cor, segundo a lei: qualquer um que tenha sangue negro. Pena: um a cinco anos de prisão.

A pena foi comutada, e Loving e Jeter foram condenados a sair da Virgínia e não retornarem como marido e mulher por um período de 25 anos. O caso chegaria à Suprema Corte dos Estados Unidos, que considerou a lei inconstitucional com base na 14ª Emenda.

Em 1998, respondendo a uma denúncia de violência doméstica, a polícia de Houston entrou na casa de John Lawrence, que no momento fazia sexo consensual com outro homem, Tyron Garner. Ambos foram presos, depois libertados com pagamento de multa, de acordo com a Lei da Conduta Homossexual do Texas. Em 2003, o caso chegaria à Suprema Corte, que declarou a lei inconstitucional com base na 14ª Emenda.

Nos anos 1970, estados e União uniram-se no que o presidente Richard Nixon definiu como a "Guerra às Drogas", justificada por serem as drogas "combustíveis para a desarticulação familiar e base da criminalidade". A ação, contudo, não levou à desarticulação das redes de fornecedores e distribuidores, tampouco ao declínio do uso de entorpecentes, mas tornou os Estados Unidos o país que mais encarcera no mundo. Em 1974, 1,3% dos residentes dos Estados Unidos estavam ou haviam estado na cadeia, contra 2,7% em 2001. O corte racial era evidente: em 1974, 8,7% dos afro-americanos haviam sido encarcerados em algum momento de suas vidas e em 2001 eram 16,6%, ao passo que entre os brancos o percentual subiu de 2,3% para 4,9%. Acompanhando o endurecimento das penas, 25 estados instituíram a pena de morte em 1980, elevando o total para 36. Nesse ano, 714 prisioneiros estavam no corredor da morte. Em 1992, já eram 2.575, 31 dos quais seriam executados por injeções, gases, eletrocução, enforcamento e pelotão de fuzilamento, enquanto os demais permaneceram esperando sua vez no corredor da morte. Mais uma vez, afro-americanos estavam sobrerrepresentados: embora correspondessem a 12% da população de 1990, eram 40% dos condenados à morte.

FEDERALISMO, MORALIDADE E PARTIDOS POLÍTICOS NO SÉCULO XX

A ideia de compartilhar soberanias entre a União e os estados, elemento central do federalismo, foi uma das contribuições mais originais dos homens reunidos na Filadélfia, em 1787. No entanto, o federalismo

46 ESTADOS UNIDOS NO SÉCULO XX

norte-americano do século XX não foi o mesmo daquele de fins do século XVIII. Jefferson e seus seguidores, defensores dos direitos dos estados, achavam que um governo central forte e distante poderia ser uma ameaça à liberdade dos cidadãos. Já para Hamilton e os seus, um governo central forte promoveria não só maior liberdade, mas também riqueza e justiça. A emergência do Estado Administrativo, no início do século XX, o New Deal, o Estado de Bem-Estar Social, as interpretações da Suprema Corte acerca da "cláusula de comércio", da "cláusula da taxação e do gasto", da "cláusula necessária e adequada" e na área dos direitos civis, assim como o fortalecimento do papel de polícia da União, resultaram em uma configuração estatal e em uma relação entre estados e União mais próxima daquela desenhada por Hamilton do que por Jefferson.

O vocabulário político norte-americano foi obrigado a se adequar a tais mudanças, e o fez de forma um tanto peculiar. Diferentemente do que ocorre no Brasil, nos Estados Unidos são *liberais* aqueles que defendem um protagonismo maior do governo central na regulação estatal da economia, ao passo que os defensores do livre mercado são conhecidos como *conservadores*.

A defesa liberal da regulação estatal da economia remonta à Era Progressista, quando teve início a construção do Estado Administrativo. Diante da nova realidade econômica de princípios do século XX, caracterizada por mercados oligopolizados por grandes corporações, a intervenção do Estado foi justificada como meio de resguardar a liberdade do indivíduo e os direitos do consumidor. A centralidade do indivíduo também esteve presente na rejeição do *liberalismo* à ação do Estado como agente da moralidade pessoal, entendida como "uma forma de coerção à autonomia individual". Em contrapartida, o liberalismo defende a ação do Estado como promotor da "moralidade social", ou seja, de uma sociedade tida como moralmente aceitável em termos de distribuição de renda e acesso a direitos políticos e civis e, quando necessário, ao provimento social.

Os conservadores, ao contrário, criticam a regulação estatal da economia como uma interferência prejudicial à *operação natural* dos mecanismos do mercado autorregulável. Defensores do princípio da responsabilidade individual rejeitam, também, a visão de que o Estado deve atuar na construção de uma sociedade moralmente aceitável, entendida como uma engenharia social alheia à dinâmica da própria sociedade. Barry Goldwater, candidato republicano nas eleições presidenciais de 1964, bem sintetizou o pensamento conservador ao acionar o repertório das teses que, mais tarde, seriam identificadas por Albert Hirschman em seu clássico *A retórica da intransigência*, de 1992: as políticas sociais seriam *fúteis*, porque, em boa medida, financiadas pelos próprios beneficiários, na forma de impostos; *ameaçadoras*, porque instrumento de subordinação do indivíduo ao Estado; *perversas*, porque seu efeito sobre os beneficiários seria privá-los do sentimento de responsabilidade pelo seu próprio bem-estar, assim como o de suas famílias. Por outro lado, entendendo que o mundo moderno minou a legitimidade de instituições tradicionais, como a religião e a família, o conservadores defendem a ação coercitiva do Estado para a construção ou a manutenção da *moralidade individual*, ou seja, a regulação de hábitos sexuais e de consumo ou a restrição do casamento civil a pessoas de sexos diferentes, principalmente através de legislações estaduais.

Dado o bipartidarismo congressual, os múltiplos interesses presentes na sociedade dos Estados Unidos precisam se acomodar em dois partidos. Portanto, os Partidos Republicano e Democrata são, eles próprios, grandes coalizões de interesses, por vezes antagônicos, possuindo alas mais liberais e mais conservadoras. Ainda assim, desde ao menos os anos 1920, com a *volta à normalidade* de Warren Harding, os republicanos se associaram ao conservadorismo, ao passo que os democratas, desde o New Deal de Franklin D. Roosevelt, na década de 1930, associaram-se ao liberalismo.

Tempo é dinheiro

A PERPLEXIDADE

Em seu Discurso do Estado da União, em janeiro de 1928, o presidente Calvin Coolidge (1923-1929) afirmou que nenhum presidente dos Estados Unidos jamais tivera diante de si perspectivas tão boas: o país havia atingido um nível tal de riqueza e uma renda tão bem distribuída que produção e consumo pareciam destinados à permanente expansão.

Três anos depois, o Encontro da Associação Econômica Americana enfrentava o desafio de entender as razões pelas quais o Produto Interno Bruto (PIB) caíra 10 pontos percentuais entre 1929 e 1930. Não houve consenso. As interpretações variaram de acordo com as escolas de pensamento econômico, abrangendo de mudanças tecnológicas a erros de política monetária. Não sabiam que o pior estava por vir.

A produção de automóveis, que havia alcançado 5,3 milhões de unidades em 1929, caiu para 1,3 milhão em 1932, ano em que a deflação chegou a 10%, desestimulando investimento e consumo. Entre 1929 e 1933, o número de habitações construídas sofreu uma queda de 72%, o PIB caiu 44% e a renda *per capita* foi de 700 para 373 dólares. Milhares de pequenos bancos haviam fechado, bilhões de dólares de poupança tinham desaparecido. Nunca algo de tal magnitude havia ocorrido. A crise havia se transformado na Grande Depressão, e muitos economistas achavam que o vigor econômico do século XIX e princípios do XX era, definitivamente, coisa do passado.

Durante a Grande Depressão, o desemprego levou a que milhões de pessoas buscassem alimentos nas chamadas *kitchen soups* organizadas por instituições filantrópicas, por preços baixos ou mesmo de graça. Na imagem, homens em fila numa *kitchen soup* de Chicago, em 1931.

A ECONOMIA NORTE-AMERICANA NO SÉCULO XIX

Ao longo do século XIX, os Estados Unidos deixaram para trás a escravidão no Sul e a crença jeffersoniana nas virtudes da pequena propriedade rural, e se tornaram a maior economia urbano-industrial do mundo. Enquanto Grã-Bretanha e Alemanha, somadas, produziram 24,4 milhões de toneladas de aço em 1907, os Estados Unidos produziram, sozinhos, 25,6 milhões em 1909.

As narrativas do excepcionalismo atribuem essa grande transformação a fatores culturais e religiosos, tais como o empreendedorismo, o individualismo, a ética protestante do trabalho e a própria ideia de América como Terra Prometida, onde a ascensão social seria aberta a todos os que trabalhassem arduamente. Se tais fatores deram, de fato, alguma contribuição para a grande transformação então vivida, outros elementos não foram de menor importância.

No imenso território norte-americano, encontravam-se todos os insumos necessários para o tipo de industrialização do século XIX, como algodão (produzido até 1865 por mão de obra escravizada), minério de ferro e carvão. A Inglaterra precisava importar algodão dos próprios Estados Unidos ou buscá-lo em regiões distantes do seu Império, como a Índia, e somente em 1951, após duas guerras mundiais, a Comunidade Europeia do Carvão e do Aço criou instrumentos para administrar a demanda de minérios entre França e Alemanha.

A variedade de solos, climas e relevos e a hidrografia facilitaram o surgimento de polos diferenciados e interligados de crescimento. Cobrindo mais de um milhão de quilômetros quadrados, a bacia do rio Mississippi integrou mercados tão distantes quanto a Pensilvânia e a Louisiana por navios a vapor, que podiam navegar a montante e a jusante. Por isso, a bacia se tornou fundamental para o transporte do algodão do Sul para as tecelagens da Nova Inglaterra. A criação de gado nas pradarias centrais fez de Chicago, às margens do lago Michigan, o maior centro de processamento de carne e entroncamento ferroviário do mundo, ligando os abatedouros do Meio-Oeste aos consumidores da Costa Leste. A sorte também ajudou. Em 1848, a Califórnia, recém-conquistada do México, tornou-se palco de uma "Corrida do Ouro", e São Francisco, até então pequena cidade portuária no Pacífico, tornou-se grande centro financeiro.

O trabalho de escravizados, até 1865, e as características do mercado de trabalho livre também diferenciaram a economia norte-americana das economias europeias.

Até 1865, a escravidão deu contribuição importante para o impulso da indústria têxtil. Se os homens da geração de Thomas Jefferson achavam que o trabalho de escravizados declinaria com a suspensão do tráfico atlântico, enganaram-se: ao fim da Guerra Civil, 4 milhões de escravizados tinham seu trabalho compulsoriamente extraído nas cidades e nos campos, principalmente na produção do chamado "Rei Algodão". Desenvolveu-se, desse modo, uma escravidão diferente daquela do século XVIII. Até então, escravizados aprisionados na África e transportados pelo tráfico atlântico trabalhavam principalmente em culturas como fumo e arroz. No século XIX, após o fim do tráfico legal, o trabalho dos escravizados estava ligado ao crescimento da indústria têxtil, dela emulando métodos organizacionais e de gestão da mão de obra.

As características do mercado de trabalho livre, principalmente após o fim da Guerra Civil, foram fundamentais para a arrancada econômica dos Estados Unidos. Entre 1870 e 1915, cerca de 27 milhões de imigrantes chegaram ao país, para uma população de 76 milhões de habitantes em 1900. Como resultado da abundância da oferta de mão de obra e da ausência de leis trabalhistas, os salários eram baixos e as condições de trabalho eram precárias. Somente em 1938, com a Lei de Padrões Justos do Trabalho, foi proibido o trabalho de menores de 16 anos, e isso apenas para os envolvidos no comércio interestadual, em razão da "cláusula de comércio". Em 1913, somente 13 estados possuíam limites para jornadas de trabalho nas minas, de 8 a 10 horas por dia. No Oregon, a jornada média semanal era de 51,7 horas em 1909. Em 1933, 18 estados possuíam jornadas semanais superiores a 48 horas, e 8 não possuíam qualquer tipo de limite para a jornada. Oficialmente, morreram 137 trabalhadores chineses na construção da estrada de ferro Central Pacific Railroad, mas relatos não oficiais fazem referência a mais de mil, em razão da inexistência de protocolos de segurança no uso de explosivos para a perfuração de túneis.

As tentativas de organização dos trabalhadores esbarravam na atuação do Poder Judiciário, na diversidade de origens dos imigrantes, que frequentemente sequer falavam inglês e alimentavam rivalidades desde a Europa, e nas características do sistema político norte-americano. O federalismo e o sistema eleitoral majoritário dificultavam a formação de partidos operários de expressão nacional, ao estilo europeu, e nas primeiras décadas do século XX o socialismo acabou por se tornar um fenômeno restrito a cidades de grande concentração operária, como Schenectady (Nova York), Mineápolis (Minnesota), Toledo (Ohio) e Milwaukee (Wisconsin), que teve 38 anos de administrações do Partido Socialista da América entre 1910 e 1960. Em suma, os trabalhadores dos Estados Unidos formavam uma força de trabalho abundante, barata e socialmente desprotegida, no mesmo momento em que se formavam as grandes corporações.

Para alguns, as corporações representavam a democratização do capitalismo, dado que um trabalhador poderia comprar ações da empresa em que trabalhava. Para outros, eram a expressão do poder dos grandes investidores, pois permitiam que estes controlassem os recursos de milhões de pequenos poupadores, realizassem grandes investimentos, cartelizassem a economia e se apropriassem da maior parte dos lucros. Em 1890, o Congresso aprovou a Lei Sherman Antitruste, de modo a evitar a formação de oligopólios e proteger a competição. Em vão. Entre 1898 e 1904, grandes corporações passaram a oligopolizar mercados inteiros, como a Armour & Swift, de processamento de carne; a Standard Oil, de petróleo; a General Electric, de aparelhos elétricos; a American Telephone and Telegraph, de comunicações; a International Harvester, de implementos agrícolas; a Du Pont, de armas e produtos químicos. A US Steel chegou a controlar 60% da produção de aço do país.

Associados à corrupção, os dirigentes das corporações eram conhecidos como *Robber Barons* (Barões Ladrões). Para melhorar suas imagens, inauguraram a filantropia em larga escala. Ao morrer, em 1919, Andrew Carnegie, da US Steel, havia doado 90% de sua fortuna para mais de 2 mil bibliotecas, o Carnegie Hall, de Nova York, e o Pittsburgh Carnegie Institute, hoje Universidade Carnegie Mellon.

No coração da industrialização, a estrada de ferro. Ao fim da Guerra Civil, havia cerca de 5 mil quilômetros de trilhos nos Estados Unidos, mas em 1890 essa extensão era de 115 mil quilômetros, incluindo linhas transcontinentais. Muito mais do que na Inglaterra, onde nenhum ponto dista mais de 200 quilômetros do mar, a vastidão e a complexidade do território e do clima norte-americanos tornaram a construção de ferrovias um gigantesco programa de investimentos em mineração, siderurgia, logística, engenharias, serviços bancários e de seguros, impactando o conjunto da economia e contribuindo para a integração de um mercado nacional de bens, mercadorias e mão de obra muito maior do que de qualquer país europeu. A engenharia norte-americana, em particular, foi desafiada pela construção de ferrovias em um território e climas tão diversos quanto os norte-americanos: amplitudes térmicas que podem chegar a 70 graus, rios e montanhas exigiram inovações em metalurgia, engenharia de túneis e construção de pontes em vãos largos.

No século XIX, o Estado norte-americano, tanto a União como os estados, também deu contribuição decisiva para o crescimento econômico. As primeiras tarifas para proteção do mercado interno, de 1789, criavam alíquotas para 30 produtos, como aço, melaço e cânhamo. No final do século XIX, o Congresso aprovou um aumento de 57% em média para tarifas de produtos como ferro, aço e petróleo. Durante esse período, a União concedeu terras, depósitos de carvão e ferro e generosos subsídios para corporações ferroviárias. A corrupção se tornou endêmica, dando origem ao chamado "capitalismo de compadrio". O presidente Ulysses Grant (1869-1877) passou para a História tanto como herói da Guerra Civil quanto pela corrupção ocorrida em seu governo. A União também expulsou povos indígenas de seus territórios de modo a possibilitar a expansão da malha ferroviária, e estados como Nova York fizeram investimentos na construção de canais para ligar os Grandes Lagos à Costa Leste.

Nenhum outro país reunia condições tão favoráveis para se industrializar: riqueza mineral, energética e agrícola, mercado de trabalho enorme e vulnerável, mercado consumidor gigantesco e integrado, alta concentração de capital, participação do Estado. Ainda assim, em termos dos itens que eram produzidos e consumidos, até 1913 a economia norte-americana não era muito diferente das europeias.

O FORDISMO

Em 1899, 30 fábricas produziram, de forma quase artesanal, 2.500 automóveis nos Estados Unidos. Em 1913, a Ford Motor Company produziu, sozinha, 1 milhão. O que mudou entre um momento e outro foi a introdução da *linha de montagem*: todos os trabalhadores passaram a repetir movimentos muito simples, no tempo determinado pela empresa, de modo a encaixar peças padronizadas. A consequência foi o aumento brutal da produtividade do trabalho, além da queda do preço unitário do Modelo T, o famoso "Ford Bigode", de US$ 850, em 1908, para US$ 298, em 1922.

A introdução das máquinas no processo produtivo trouxe consigo a promessa da emancipação da necessidade: ao aumentar exponencialmente a produtividade do trabalho, a máquina produziria um mundo de abundância acessível a todos. Em *Tempos modernos*, Charles Chaplin faz uma crítica profunda a essa visão otimista. Não apenas a abundância não se tornou acessível a todos como, na sequência de onde essa imagem é tirada, Chaplin mostra a engrenagem literalmente engolindo o homem.

Logo a produção em massa transbordou da indústria automotiva para a fabricação de outros bens. Em 1929, *Middletown: a Study in Modern American Culture* (título de difícil tradução. Middletown é o nome de uma cidade fictícia inspirada em Muncie, Indiana. Middletown tem o sentido de "cidade média", tanto em tamanho como em composição social, com a presença de uma forte classe média. Em português, portanto: Middleton: um estudo sobre a cultura americana moderna), de Helen e Robert Lynd, identificou produtos nos lares norte-americanos que sequer existiam anos antes, como torradeiras e geladeiras elétricas, máquinas de lavar roupa e louça, rádios e fonógrafos.

Surgiram, também, hábitos de lazer oriundos de novas indústrias direta ou indiretamente beneficiadas pela produção em massa, como cinema, parques de diversões, refrigerantes e sorvetes.

No século XIX, o motor do crescimento econômico havia sido a expansão da fronteira doméstica e seus investimentos em ferrovias, siderurgia, mineração e química. Salários baixos podiam alimentar o conflito social, preocupação de reformadores da Era Progressista, mas, com o fordismo, salários baixos deixavam de ser uma questão social para se tornarem um problema econômico, já que salários eram essenciais para a compra de carros e outros bens consumidos por famílias.

Henry Ford percebeu que à produção em massa deveria corresponder o consumo de massa dos trabalhadores assalariados. Para dar um exemplo, em 1914 ele criou o Dia de 5 Dólares, dobrando o salário de alguns trabalhadores (os salários eram pagos por mês, mas calculados por dias trabalhados). Pôde fazê-lo porque não tinha competidores na indústria automobilística. Nas demais indústrias, nas quais o custo do trabalho correspondia de 30% a 50% dos custos totais de produção, a competição não permitia a elevação dos salários. Com a inflação decorrente da Grande Guerra e a competição resultante do surgimento da Chrysler Corporation e da General Motors Corporation, os salários da Ford também se tornariam tão baixos quanto os de outras empresas, fato agravado na década de 1920 pela introdução do *modelo anual*. A cada outono, muitos trabalhadores com baixa qualificação técnica eram demitidos para que ferramenteiros preparassem a linha de montagem para o modelo do ano seguinte. Em decorrência, o tempo médio de emprego de um trabalhador automotivo foi de 46 semanas em 1925. Nas seis semanas restantes do ano, ele permaneceu sem qualquer rendimento.

Obsolescência programada e distinção social

O automóvel não foi o primeiro bem produzido em massa. Cigarros e lâmpadas elétricas o precederam. A diferença é que cigarros e lâmpadas podem ser comprados com dinheiro do bolso, um carro não. Cigarros e lâmpadas também diferem entre si: os primeiros são inteiramente consumidos de uma única vez, no próprio ato do uso, ao passo que lâmpadas são consumidas ao longo do tempo. De modo a manter seus ganhos e evitar a saturação do mercado, as fabricantes de lâmpadas formaram uma associação em 1925, chamada Cartel Phoebus, que estabeleceu um limite de mil horas de vida útil para seus produtos. Estava criada a *obsolescência programada*.

No entanto, carros são muito caros e não podem queimar como lâmpadas. Em 1926, a General Motors (GM) criou o *modelo anual*: com alterações de estilo, o modelo de um ano desvalorizava o do ano anterior. Para evitar perda de patrimônio, o proprietário de um carro de alguns anos, ou mesmo de um, via-se compelido a vendê-lo e dar entrada na compra de um carro de novo modelo. Além disso, a GM criou também o conceito do automóvel como *meio de distinção social*: do Chevy, para os mais jovens, ao Cadillac, para o executivo superior, o automóvel deveria ser o sinal visível de ascensão profissional, uma expressão do caminho de seu dono ao topo. E sempre do ano, claro.

No século XXI, a obsolescência programada como forma de evitar a saturação do mercado e a compra permanente de novos produtos é norma em diversas indústrias, como as de computadores e celulares.

A contradição estava colocada: o salário tornara-se meio de acesso dos trabalhadores ao consumo de bens produzidos em massa e, portanto, deveria ser alto; em um ambiente competitivo, o salário era um custo de produção para as empresas e, dessa forma, deveria ser baixo; para o conjunto da economia, ele era, a um só tempo, meio para sustentar o consumo, por isso deveria ser alto, e custo de produção, devendo, por isso, ser baixo.

Ainda na Era Progressista, economistas e advogados, como John Commons e Roscoe Pound, e reformadores sociais, como Herbert Croly, defenderam a contratação coletiva do trabalho como forma de tornar os trabalhadores aptos ao consumo. No entanto, setores majoritários do empresariado, como os reunidos na Câmara de Comércio dos Estados Unidos e na Associação Nacional dos Manufatureiros, faziam forte oposição ao diálogo com lideranças sindicais e insistiam na manutenção da contratação individual do trabalho, conforme consolidada no século XIX. Mesmo Henry Ford, conhecido por seu brilhantismo organizacional, chegou a ser conhecido como "Mussolini de Detroit" pela forma violenta com que combatia as tentativas de organização de seus trabalhadores.

Nos anos 1920, em busca de relações de trabalho menos conflitivas, algumas grandes empresas sugeriram o chamado "capitalismo de bem-estar", no qual eram oferecidos aos trabalhadores planos de saúde e aposentadoria, auxílio-habitação, bônus, atividades educacionais e recreativas e planos de aquisição de ações, desde que rejeitassem a participação em sindicatos autônomos. O "capitalismo de bem-estar", no entanto, não foi capaz de lidar com a contradição entre baixos salários e produção em massa de bens de consumo durável, como automóveis. Em 1927, 700 mil carros a menos foram produzidos do que no ano anterior. Mesmo o ramo de confecção, de menor valor agregado, ressentia-se do baixo poder aquisitivo da população. Ao longo da década de 1920, norte-americanos maiores de 18 anos consumiram, em média, menos de uma nova muda de roupa por ano.

Na agricultura, o cenário tampouco era animador. Entre 1910 e 1930, graças ao fordismo, o número de tratores nas fazendas passou de 10 mil para 930 mil. A combinação de mecanização e utilização de fertilizantes e defensivos agrícolas elevou a produtividade da agricultura e ocasionou a queda do preço dos produtos. Durante a Grande Guerra de 1914-1918, a renda dos fazendeiros foi mantida graças às exportações para a Europa. Na década de 1920, porém, a reorganização da agricultura europeia e a concorrência de países como Argentina fizeram com que as exportações norte-americanas caíssem e, com elas, os preços dos produtos agrícolas.

Em 1929, a renda *per capita* no campo correspondia a 25% da nacional. Na economia como um todo, a renda combinada dos 0,1% mais ricos era igual à dos 42% mais pobres. Para ouvidos mais atentos, o Discurso do Estado da União de Coolidge sobre a distribuição da renda nacional deve ter soado excessivamente otimista.

O NEW DEAL E A SEGUNDA GUERRA MUNDIAL

Embora o New Deal seja associado a políticas econômicas keynesianas, John Maynard Keynes só publicaria sua *Teoria geral do emprego, do juro e da moeda* em 1936. Em 1933, economistas do New Deal conhecidos como *estagnacionistas* pensavam que a economia havia atingido o estado de maturação e não voltaria a crescer. Para eles, o desafio era encontrar maneiras de utilizar de forma rentável os recursos já existentes, nem que para isso fosse preciso produzir escassez. Para conter a deflação de preços e recuperar a rentabilidade de agricultores e criadores de gado, por exemplo, a Lei de Ajuste da Agricultura (AAA, na sigla em inglês) subsidiava a redução da produção e o abate de animais. Em apenas dois meses de 1933, seis milhões de leitões foram sacrificados para manter o preço da carne suína.

A AAA fez parte dos chamados "Cem dias", transcorridos entre março e junho de 1933, quando o Congresso aprovou tantos programas e leis na área econômica que a oposição republicana chamou o New Deal de "sopa de letras". Hipotecas habitacionais, geração de emprego e renda, combate à erosão do solo, planejamento regional, produção de energia, nada parecia ficar fora do raio de ação governamental. Mesmo o mercado financeiro foi regulado pela Lei Glass-Steagall, que separava bancos comerciais de bancos de investimentos. A peça central dos "Cem dias", no entanto, foi a Lei Nacional da Recuperação Industrial (NIRA, na sigla em inglês).

Como a AAA, a NIRA continha elementos estagnacionistas: empresas industriais deveriam elaborar códigos de competição que reduzissem jornadas de trabalho e retirassem salários das suas estratégias competitivas, possibilitando a redução da produção e a elevação de preços e salários. A Lei não deu certo. Diversos setores industriais resistiram ao que consideravam uma ameaça ao funcionamento do livre mercado, e ao governo faltavam instrumentos legais que obrigassem o empresariado a respeitar os códigos de competição dos seus setores. Em 1935, veio a pá de cal: a Suprema Corte declarou-a inconstitucional.

> Em 1935, os irmãos Schechter, operadores de um abatedouro, foram acusados de violar 18 regras do Código Aviário de Nova York. O caso chegaria à Suprema Corte dos Estados Unidos, que deu ganho de causa aos Schechter. A justificativa foi a de que, por venderem frangos no estado de Nova York, eles estavam fora da jurisdição federal, de acordo com a "cláusula de comércio". A Suprema Corte foi além e declarou a NIRA inconstitucional por delegar indevidamente autoridade legislativa a códigos de competição sancionados pelo presidente, crítica então corrente às agências administrativas. Um caso, iniciado em um abatedouro do estado de Nova York, portanto, colocou por terra o coração da política econômica dos "Cem dias".

A inconstitucionalidade da NIRA levou ao chamado Segundo New Deal. Abandonando as teses estagnacionistas, o Segundo New Deal partia do diagnóstico de que as razões da Grande Depressão residiam no exato oposto do otimismo de Coolidge: a má distribuição da renda nacional. Para reverter a situação, o governo deveria desenhar uma política pública que elevasse o poder de compra dos trabalhadores, de modo a torná-los

60 ESTADOS UNIDOS NO SÉCULO XX

aptos ao consumo. Não era tarefa fácil, em razão da "cláusula de comércio", que constrangia a capacidade de intervenção da União na economia. A solução encontrada foi recorrer aos sindicatos. Recuperando as reflexões da Era Progressista, como as de Croly, Roscoe e Commons, o Congresso aprovou, em 1935, a Lei Nacional de Relações de Trabalho, que garantia aos trabalhadores industriais a participação em sindicatos de sua livre escolha, obrigava as empresas a negociar de boa-fé com tais sindicatos, tornava ilegais práticas das empresas para dificultar a formação de sindicatos independentes e criava uma agência administrativa, a Agência Nacional de Relações de Trabalho (NLRB, na sigla em inglês), para normatizar, julgar conflitos e implementar decisões relativas à representação dos trabalhadores e à contratação coletiva do trabalho.

Franklin D. Roosevelt e Getúlio Vargas

Em breve passagem pelo Rio de Janeiro, em 1936, Roosevelt afirmou: "Despeço-me esta noite com grande tristeza. Há algo, no entanto, que devo sempre lembrar. Duas pessoas inventaram o New Deal: o presidente do Brasil e o presidente dos Estados Unidos". Para além de considerações de ordem diplomática, as palavras de Roosevelt sugeriam que tanto no Brasil quanto nos Estados Unidos dos anos 1930 gestaram-se e se consolidaram novas ideias a respeito do papel do Estado na regulação da economia e na relação com a classe trabalhadora. Em 28 de janeiro de 1943, os dois presidentes voltariam a se reunir em Natal, Rio Grande do Norte, para discutir o papel do Brasil no esforço dos Aliados na Segunda Guerra Mundial.

Apesar da oposição patronal, a Lei Wagner, considerada constitucional pela Suprema Corte, em 1937 (após a proposta de Franklin D. Roosevelt de aumentar o número de seus juízes), conduziu quase 4 mil eleições sindicais entre 1935 e 1940, fortalecendo sindicatos existentes e protegendo a criação de novos. Entre junho de 1940 e novembro de 1941, o sindicato Trabalhadores Automotivos Unidos (UAW, na sigla em inglês), que mal existia em 1937, assinou contratos coletivos com as "Três Grandes" (General Motors, Chrysler e Ford Motor), possibilitando a elevação em 17% dos salários dos trabalhadores do setor. Em 1932, menos de 3 milhões de trabalhadores eram sindicalizados, mas em 1945 cerca de 15 milhões, ou 35% da força de trabalho, estavam cobertos por contratos coletivos de trabalho. Na indústria de transformação, tal índice chegava a 67%. No conjunto da economia, entre 1929 e 1945, a participação dos salários na renda nacional passou de 53,6% para 59,2%.

Ainda assim, apenas com a entrada dos Estados Unidos na Segunda Guerra Mundial, em dezembro de 1941, a Grande Depressão ficou para trás e o keynesianismo se integrou à política econômica norte-americana.

O keynesianismo

Para o economista John Maynard Keynes, a incerteza é um dado inerente ao capitalismo: investidores nunca estão absolutamente seguros de que terão retorno para seus investimentos e consumidores de que poderão honrar seus compromissos. Para se defenderem de adversidades – um produto que encalha nos estoques, uma doença na família –, ambos poupam parte de seus recursos quando possível, mesmo em tempos de crescimento. Em tempos de crise, a estratégia defensiva é redobrada, e investimentos e consumo são adiados, criando um ciclo vicioso e transformando parte crescente da riqueza em poupança ociosa. Cabe, então, ao Estado restaurar a confiança, pegando emprestada a poupança ociosa e transformando-a em investimento produtivo através de encomendas de bens e serviços às empresas, principalmente por meio de obras públicas. Restaurada a confiança, as empresas voltam a investir e a contratar, e o consumidor a consumir. A dívida pública, então, é resgatada graças ao aumento da arrecadação.

Em 1939, as Forças Armadas dos Estados Unidos tinham 329 tanques, muitos dos quais construídos à época da Grande Guerra. Em agosto de 1945, quando da derrota do Japão, o país havia se transformado no "Arsenal da Democracia": foram fabricados 88 mil tanques, 2,4 milhões de caminhões militares, 10 encouraçados, 358 destróieres, 211 submarinos, 82 mil plataformas de desembarque anfíbio, 300 mil aviões militares e 50 milhões de pares de calçados, além de alimentos, remédios, uniformes e combustíveis para todos os Aliados. O governo também financiou pesquisas em eletrônica, química, farmacêuticos e energia atômica. Surgia o complexo industrial-militar, envolvendo instituições universitárias, empresas, sindicatos de trabalhadores, centros de pesquisa e Forças Armadas, voltado para o desenvolvimento e a produção de material bélico. Só o Projeto Manhattan, para desenvolver e produzir a bomba atômica, gerou 120 mil empregos diretos e indiretos.

62 ESTADOS UNIDOS NO SÉCULO XX

O esforço de guerra teve alto custo. Os gastos com defesa subiram de 1,4% do PIB, em 1940, para 37,5% em 1945, o déficit público saltou de 3% do PIB, em 1939, para 27,5%, em 1943, e a dívida pública cresceu de 38% do PIB, em 1941, para 145%, em 1945, ainda que as alíquotas superiores do imposto de renda tenham atingido a marca de 91%. Em contrapartida, o desemprego, que era de 14,6% em 1940, caiu para 1,2% em 1944, e o PIB cresceu 76% entre 1942 e 1945. Por isso, a Segunda Guerra passou a ser por muitos chamada de "a guerra keynesiana". Nunca, antes ou depois, gastos militares rivalizaram com os daqueles anos. (Em 1952, a Guerra da Coreia custou 4,2% do PIB, a do Vietnã consumiu 2,3% do PIB de 1968 e, a Guerra do Golfo, 0,3% do PIB de 1991.) Durante três anos, de 1942 a 1945, o Estado havia minimizado as incertezas se tornando o grande, por vezes o único, comprador de setores inteiros da economia.

ANOS DOURADOS

Finda a Segunda Guerra Mundial, a questão que se colocava para todos os agentes econômicos era como retirar o Estado da economia e desmobilizar quase 15 milhões de homens sem causar capacidade ociosa, desemprego e inflação. Não era simples questão de retórica. Em 1946, o PIB caiu 11,6% e a inflação chegou a 18%. O consenso keynesiano afirmava: o Estado deveria continuar a estimular a economia para manter aquecida a demanda. Foi o que ocorreu. Embora com recessões em 1949, 1954 e 1958, entre 1947 e 1960 o PIB cresceu 56%, em boa medida sustentado pelo investimento público e pelo consumo das famílias.

O cenário externo ajudou. A produção europeia (excluindo a soviética) de aço, em 1947, equivaleu a 63% da de antes da guerra; entre 1934 e 1938, a média da produção agrícola europeia (excluindo a soviética) foi de 250 milhões de toneladas, contra 181 milhões em 1946. Aproximadamente 25 milhões de soviéticos, 20 milhões de chineses, 7 milhões de alemães, 5,7 milhões de poloneses e 3 milhões de japoneses haviam morrido, a maioria civis, enquanto milhões de vivos enfrentavam perda de entes queridos e patrimônio, mutilações, fome, doenças físicas e sofrimento mental. Cerca de 40 milhões de pessoas estavam deslocadas por toda a Europa e 6 milhões de judeus haviam sido exterminados. Como se não bastasse, duas bombas atômicas haviam sido jogadas sobre o Japão pelo único país, dentre todos os grandes contendores, que não havia sofrido um ataque sequer ao seu próprio território continental: os Estados Unidos. Suas cidades, fábricas, infraestrutura e agricultura estavam intactas. Seus 418 mil mortos eram militares, e sua população estava sadia e alimentada. Nos 20 anos seguintes, enquanto parte do mundo enfrentava uma difícil recuperação política, econômica e humana, a economia dos Estados Unidos esteve protegida da concorrência internacional. Custos de produção pouco preocupavam, e a combinação de investimentos públicos e privados e bons salários permitiu ao país viver, aos olhos de muitos, os seus Anos Dourados.

A expansão dos subúrbios e os complexos industrial-militar e aeroespacial exemplificam tal combinação.

Nos 20 anos que se seguiram à Segunda Guerra, 30 milhões de casas suburbanas foram construídas por milhares de pequenas e médias empresas, gerando centenas de milhares de empregos, com impactos relevantes em uma cadeia produtiva e de suprimentos que cobria de materiais de construção a serviços bancários, passando por seguros, sistemas de aquecimento e utensílios domésticos. Tal número de casas foi possível graças à aplicação de técnicas de produção em massa de unidades unifamiliares. O pioneirismo coube a William Levitt. A primeira Levittown, em Long Island, foi o maior programa de urbanização residencial privado da história: 17 mil casas para 82 mil pessoas. A ela, seguiram-se Levittowns na Pensilvânia e Nova Jersey, e projetos suburbanos similares, ainda que em menor escala, por todo o país. Enquanto as grandes cidades cresciam 11,6% na década de 1950, e algumas chegaram a perder habitantes, o crescimento dos subúrbios foi de 45,9%.

Imagem aérea de um subúrbio norte-americano.

Em 2005, havia 58 milhões de gramados residenciais (jardins particulares) nos Estados Unidos, que consumiram 64 milhões de litros de gasolina em cortadores de grama motorizados. Na Califórnia, em 2003, 60 mil trabalhadores envolvidos na manutenção de gramados domésticos não tinham vínculo formal de trabalho e proteção contra acidentes. Para manter gramados verdes nos 40ºC acima do Arizona e nos 40ºC abaixo da Dakota do Norte, são necessários herbicidas, fertilizantes e defensivos agrícolas que levam à morte 7 milhões de pássaros por ano e contaminam lençóis freáticos. O avanço de áreas suburbanas sobre regiões florestais leva ursos, veados e lebres a conviver com seres humanos. Apesar do cenário idílico, os subúrbios constituem um enorme problema socioambiental.

Até 1955, o governo federal financiou 30% das casas suburbanas através da Administração Federal de Habitação e da Lei dos Veteranos de Guerra. De modo a criar a infraestrutura viária necessária à expansão suburbana, a Lei de Ajuda Federal à Autoestrada, de 1956, atribuiu à União 90% da responsabilidade pela construção de quase 70 mil quilômetros de rodovias até 1976, cortando o país de norte a sul e leste a oeste, e abrindo novas e imensas terras aos incorporadores imobiliários. Assim como a construção de casas suburbanas, a Lei de Ajuda à Autoestrada teve enormes impactos na cadeia produtiva e de suprimentos, que cobria da produção de asfalto à siderurgia, passando por projetos de engenharia, serviços bancários e de seguros. No entanto, seu impacto mais visível foi na produção automotiva. Somente em 1955, foram produzidos 8,34 milhões de automóveis nos Estados Unidos (para efeitos comparativos, no melhor ano da indústria automotiva brasileira, 2013, foram produzidos 3,7 milhões de unidades), gerando centenas de milhares de empregos indiretos em revendedoras autorizadas, postos de gasolina, lojas de conveniência e oficinas mecânicas por todo o país. Ao longo da década, a frota de automóveis cresceu de 49,3 milhões de unidades para 73,8 milhões, e as vendas da General Motors chegaram a equivaler a 3% do PIB norte-americano. Em 1953, o presidente Dwight Eisenhower (1953-1961) apontou Charles Wilson, então presidente da General Motors, para ser seu secretário (ministro) da Defesa. Em sabatina do Congresso, Wilson foi perguntado se não haveria um conflito de interesses entre sua carreira como executivo e sua nova função governamental. Sua resposta entrou para a História: "o que é bom para o país é bom para a General Motors e vice-versa".

Futurama, 1939

Às vésperas da Segunda Guerra, a Feira Mundial de Nova York, em 1939, buscou apresentar ao mundo o otimismo com a pujança da economia norte-americana, ainda às voltas com a Grande Depressão. No pavilhão Futurama, a General Motors mostrava sua visão do futuro dos Estados Unidos, no qual automóveis ocupavam centralidade. Na imagem, antigos centros urbanos, com suas ruas estreitas, cruzamentos, transeuntes e comércio, dão lugar a edifícios altos que, ao permitir uma ocupação restrita do solo, abrem espaço para vias expressas segregadas (em que não há pedestres, comércios e cruzamentos).

Walter Lippmann, um dos mais importantes jornalistas da época, foi certeiro ao afirmar que a empresa havia despendido uma fortuna para "convencer o público norte-americano de que, se desejava gozar dos benefícios da empresa privada na fabricação de automóveis, teria que reconstruir suas cidades e rodovias pela ação da empresa pública". Foi o que aconteceu nos anos 1950, com a Lei de Ajuda Federal à Autoestrada.

Maquete do Futurama. O tipo de planejamento urbano modernista de Futurama havia sido enunciado na Carta de Atenas, de 1933, de Le Corbusier, e encontraria sua expressão maior em Brasília, capital federal construída por Juscelino Kubitschek no Planalto Central do Brasil.

Para sustentar o consumo de carros e casas suburbanas, subsídios e investimentos públicos foram acompanhados por uma melhor distribuição da renda nacional. Entre 1929 e 1957, a renda das 40% famílias mais pobres, que correspondia a 12,5% da renda total das famílias, subiu para 16,1%, ao passo que a das 20% famílias mais ricas caiu de 54,4% para 45,5%. Fortalecidos desde o New Deal, os sindicatos representavam 18,5 milhões de trabalhadores em 1956, ou 25% da força de trabalho, e as corporações aceitaram realizar com eles uma barganha: estabilidade nas relações de trabalho, ou seja, rejeição a greves prolongadas, em troca de ganhos salariais reais e benefícios, como fundos de pensão e planos de saúde.

Contratos coletivos se tornaram, então, a norma em diversos setores industriais. Em 1950, o United Auto Workers assinou com as Três Grandes

(Ford, Chrysler e GM) os chamados Acordos de Detroit, o que permitiu aumento salarial de 45,4% para as categorias automotivas entre 1950 e 1957, contra uma inflação de 20%. Os Acordos previam, também, planos de aposentadoria e saúde, configurando um sistema privado de bem-estar social, beneficiando cerca de 1 milhão de trabalhadores automotivos. Mesmo em setores de mais difícil sindicalização, como a construção civil, sindicatos se tornaram fortes. A expansão suburbana resultou em maior poder de barganha para eletricistas, bombeiros, gesseiros e mestres de obras. Entre julho de 1954 e julho de 1955, em cidades com 100 mil habitantes ou mais, 87% dos trabalhadores da construção civil obtiveram aumentos salariais reais, e cerca de 60% tinham planos de saúde e pensão.

A manutenção dos níveis de pesquisa e inovação tecnológica obtidos durante a Segunda Guerra, assim como seus empregos de alta remuneração, também foi assegurada por investimentos públicos. Nos anos 1950, o Estado norte-americano chegou a financiar 90% dos gastos em Ciência & Tecnologia, levando o país a liderar o desenvolvimento e a fabricação de computadores e semicondutores e o embrião do que seria, posteriormente, a internet.

O Eniac (Electronic Numerical Integrator and Computer), o primeiro computador da história, foi desenvolvido durante a Segunda Guerra, pesava 30 toneladas e ocupava 180 metros quadrados. Encomendado pelo exército norte-americano, seu objetivo era realizar cálculos balísticos.

Em 1952, apenas o complexo industrial-militar consumiu 13,2% do PIB, gerando, três anos depois, 14 milhões de empregos diretos e indiretos. O Estado financiava a pesquisa e garantia a demanda, mas a produção cabia a empresas privadas, que construíram novas instalações, laboratórios e cadeias produtivas. Empresas associadas à economia civil, como a Boeing, de aviões, tornaram-se grandes fornecedoras para as Forças Armadas. Ao complexo industrial-militar, veio se somar o complexo aeroespacial. Como reação ao lançamento do satélite Sputnik pelos soviéticos, em 1957, o Congresso aprovaria a criação de uma nova agência, a Administração Nacional da Aeronáutica e Espaço (Nasa, na sigla em inglês). Em apenas uma de suas iniciativas, o Projeto Apollo, a Nasa gastou 257 bilhões de dólares (em valores de 2020), ao passo que seus gastos totais somaram 482 bilhões de dólares.

Neil A. Armstrong / Nasa, 20 jul. 1969

Na imagem, o astronauta Buzz Aldrin caminha sobre a Lua no dia 20 de julho de 1969, como resultado do Programa Apollo. A conquista da Lua, o "trampolim para o universo", marcou as vidas de todos os que foram criança nos anos 1960 e 1970. A Nasa, os astronautas e o módulo lunar enchiam a imaginação de todos com um gosto permanente por aventura. Poucas vezes, como naquele julho de 1969, o prestígio dos norte-americanos esteve tão alto, ainda que tenha sido a cadela Laika o primeiro terráqueo a constatar que, vista do espaço, a Terra é azul.

Os investimentos dos complexos industrial-militar e aeroespacial induziram importantes mudanças demográficas e novas oportunidades de investimentos privados nas áreas de incorporação imobiliária, construção civil e de serviços, gerando empregos de alta remuneração em estados do Sul e do Oeste, e resultando em alguns dos subúrbios mais afluentes dos Estados Unidos. Entre 1946 e 1991, por razões de segurança e custos, centros industriais e de pesquisa, assim como instalações militares, deslocaram-se do Norte e Meio-Oeste para estados como Nevada, Novo México, Califórnia, Texas e Flórida. Questões políticas também contribuíram para a localização dos novos centros de pesquisa e fábricas. Todas as instalações da Nasa eram localizadas em estados do Sul, como Flórida, Alabama, Louisiana e Mississippi, mas o então senador democrata Lyndon B. Johnson garantiu que o centro de controle dos voos tripulados fosse em Houston, no seu Texas natal, eternizando as frases "Houston chamando" e "Houston, temos um problema".

Como resultado de tantos investimentos, o gasto público cresceu. Em 1936, auge do New Deal, ele correspondeu a 10,5% do PIB, mas entre 1947 e 1960 a média foi de 17,3%. Ainda assim, apenas em 1959 o déficit público foi superior a 2%. Em alguns anos da década de 1950, houve mesmo superávit, graças à expansão da tributação. Antes de 1940, entre 4% e 8% dos norte-americanos pagavam imposto de renda, mas em 1945 cerca de 66% dos assalariados norte-americanos pagavam.

Nos Anos Dourados, realizaram-se, portanto, os contornos gerais do tripé esboçado durante o New Deal: sindicatos capazes de conquistar altos salários e elevar o poder de compra dos trabalhadores; corporações pagando altos salários; Estado realizando políticas keynesianas, como grandes investimentos em obras e encomendas públicas e em Ciência & Tecnologia, de modo a minimizar incertezas e garantir a manutenção do crescimento econômico. Tornando tudo possível, uma economia sem competidores europeus e asiáticos.

ANOS NEM TÃO DOURADOS

Para alguns, inclusive trabalhadores industriais, padrões de consumo de classe média. Para outros, nem tanto. Em 1962, Michael Harrington chocou os Estados Unidos ao revelar, em seu livro *A outra América*, que 25%

dos norte-americanos viviam abaixo da linha de pobreza. Nos Apalaches, a pobreza rural branca fazia lembrar as fotos de Dorothea Lange durante a Grande Depressão.

Em 1964, como forma de estimular a demanda e os investimentos privados, o presidente democrata Lyndon Johnson (1963-1969) realizou um inédito corte de impostos, sem, no entanto, cortar gastos. Pelo contrário. Johnson criou a "Grande Sociedade", o maior programa de reformas sociais dos Estados Unidos desde o New Deal, e aprofundou o envolvimento norte-americano na Guerra do Vietnã. Entre 1964 e 1972, os gastos com bem-estar social aumentaram de 4,3% para 8,8% do PIB e, os militares, de 8,5%, em 1964, para 9,5%, em 1968. Já a inflação saltou de 1,5% em 1965 para 5,8% em 1970, ao passo que o crescimento do PIB caiu de 6,4% para 0,14% no mesmo período e o desemprego chegou a 6% em 1971. Em agosto desse ano, o presidente republicano Richard Nixon (1969-1974) surpreendeu a todos ao anunciar um congelamento de preços e salários por 90 dias, algo realizado apenas durante a Segunda Guerra. Pouco adiantou. Os anos 1970 seriam marcados pelo fenômeno da estagflação, ou seja, inflação e desemprego altos.

Fatores externos contribuíram para a crise. Em virtude da recuperação econômica da Europa e do Japão e dos primeiros contornos da globalização, os Estados Unidos perderam a posição privilegiada que tiveram no pós-Segunda Guerra.

Ao contrário das norte-americanas, as empresas europeias e japonesas do pós-Guerra foram obrigadas a lidar com mercados consumidores reduzidos, mercados de trabalho desarticulados e escassez de matérias-primas e energia. Em tal cenário, deram início à fabricação de produtos mais baratos, de melhor qualidade e menor consumo de combustíveis. Enquanto a General Motors fabricava Cadillacs, a Volkswagen fabricava Fuscas. Mas o desafio veio mesmo do Japão.

Em 1950, a Ford Motor Company produziu cerca de 7 mil carros/dia, enquanto a Toyota Motor Company japonesa produziu 2,6 mil ao longo de todo o ano. Nos anos seguintes, a Toyota desenvolveu uma forma de organizar a produção, conhecida como toyotista, flexível ou enxuta, que invertia a lógica fordista norte-americana.

Algumas diferenças entre fordismo e toyotismo

Fordismo	Toyotismo
Lucro através de grandes economias de escala.	Lucro na venda de cada unidade, através da economia de escopo.
Produção por metas, com formação de grandes estoques.	Produção por demanda e eliminação de estoques.
Grandes contingentes operários, trabalhando sob contratos coletivos.	Sistema dual: 20% de trabalhadores estáveis, com estabilidade e benefícios, e 80% de precarizados.
Trabalho repetitivo na linha de montagem.	Trabalho em equipe, uso da experiência e saber do trabalhador, e multifuncionalidade dos trabalhadores estáveis.
Verticalização da produção.	Terceirização da cadeia produtiva.
Fábricas voltadas à produção de um ou poucos modelos.	Fábricas flexíveis, capazes de produzir diferentes modelos com pequenas alterações.
Despreocupação com defeitos, absorvidos pela economia de escala.	Busca da qualidade total.

Nos anos 1960, empresas japonesas penetraram o mercado norte-americano. Nas décadas seguintes, as empresas norte-americanas começaram a emular os princípios da organização japonesa, inclusive distribuindo cadeias produtivas por diferentes países e não renovando, ou renovando com cláusulas bem mais restritivas, os contratos coletivos com os sindicatos, de modo a reduzir seus custos de trabalho. Começaram, também, a introduzir inovações tecnológicas, como a robótica, a microeletrônica e a telemática, de modo a reduzir a necessidade das próprias forças de trabalho.

O primeiro Choque do Petróleo, em 1973, quadruplicou o preço do barril em um ano, atingindo em cheio a economia norte-americana, dependente de combustível fóssil. Em meados da década, a inflação atingia 12% e o desemprego chegou a 10%. A estagflação estava plenamente configurada, atingindo desigualmente as diferentes regiões dos Estados Unidos. Enquanto algumas, como a Califórnia, conheceram crescimento econômico associado à nova economia do conhecimento que se gestava, regiões tradicionais da grande indústria metal-mecânica se viram esvaziadas, e estados como Ohio, Michigan, Pensilvânia e Indiana passaram a ser associados ao chamado "Cinturão da Ferrugem", de indústrias antigas e tecnologicamente ultrapassadas.

A evidência da crise econômica já estava manifestada em 1971, quando a centralidade dos Estados Unidos na economia mundial foi publicamente abalada. Em julho de 1944, os Aliados haviam criado em Bretton Woods, um sistema monetário global com o objetivo de estabilizar o comércio internacional. As moedas dos países teriam uma taxa de câmbio fixo, atrelada ao dólar, por sua vez atrelado às reservas de ouro dos Estados Unidos. O crescimento do turismo e do comércio internacionais, no entanto, levou ao crescimento da demanda internacional por dólares. Em 1971, pela primeira vez, os Estados Unidos importaram mais do que exportaram, e o presidente Richard Nixon (1969-1974) suspendeu a conversibilidade do dólar em ouro. O dólar deixou, então, de ser a âncora do comércio internacional. Em 1973, Nixon desvalorizou o dólar para tornar os produtos norte-americanos mais competitivos, mas sem resultados, porque as empresas japonesas já eram mais eficientes do que as norte-americanas.

Após o Segundo Choque do Petróleo, ocasionado pela Revolução Islâmica no Irã, em 1979, o presidente democrata Jimmy Carter (1977-1981) pediu aos norte-americanos que evitassem deslocamentos desnecessários ou usassem transportes públicos. O novo choque, dessa vez de realidade, foi entendido por muitos como um choque de pessimismo.

No ano seguinte, o republicano Ronald Reagan (1981-1989), que exalava charme e otimismo, venceria as eleições presidenciais. Seu desafio: fazer a economia voltar a crescer em condições domésticas e internacionais muito diferentes daquelas do pós-Segunda Guerra.

RONALD REAGAN E A VIRADA NEOLIBERAL

Desde o início do século XX, defensores norte-americanos do livre mercado criticaram as agências administrativas, por, no seu entender, serem cooptadas pelos interesses que deveriam regular e por produzirem um excesso de normas e regulamentos, constrangendo a ação das empresas. O New Deal e o Estado de Bem-Estar Social foram associados, também, à erosão da ética do trabalho e à transferência de renda de consumidores e investidores, através de impostos, para funcionários públicos mais atentos a seus próprios interesses do que ao interesse público. Em 1944, sob o impacto da Segunda Guerra Mundial, o economista austríaco Friedrich Hayek publicou o livro *O caminho da servidão,* no qual afirmava que mesmo iniciativas bem-intencionadas para aperfeiçoar as sociedades poderiam representar uma ameaça à liberdade. Para assegurar a manutenção desta, Hayek liderou a criação da Sociedade Mont Pèlerin, em 1947, como um baluarte em defesa do *liberalismo clássico,* ou seja, do livre mercado. Muito embora não houvesse consenso absoluto entre seus membros a respeito de diversos temas, a Sociedade Mont Pèlerin se tornou um importante centro de revitalização da defesa do liberalismo clássico em vários países, inclusive nos Estados Unidos, onde o economista Milton Friedman se tornou um dos principais críticos do keynesianismo.

A estagflação dos anos 1970, entendida como fruto de um Estado grande, caro e ineficiente, foi o passaporte para a eleição à presidência do republicano ex-ator Ronald Reagan, em 1980. Em seu discurso de posse, em 20 de janeiro de 1981, ele disse: "Na presente crise, o governo não é a solução do problema; o governo é o problema".

Quando Reagan foi eleito, portanto, já havia um amplo corpo de reflexões e postulados políticos, acumulado ao longo de décadas, de crítica ao Estado Administrativo e ao Estado de Bem-Estar Social e de defesa do livre mercado, que orientou a política econômica *neoliberal* dos anos 1980. Tal acúmulo amadureceu não apenas nos Estados Unidos. Na Grã-Bretanha, a primeira-ministra Margaret Thatcher (1979-1990) também implementou reformas neoliberais, que encontraram sua expressão no Consenso de Washington, de 1989: disciplina fiscal, diminuição de impostos, juros e câmbio flutuantes, livre-comércio, privatizações e desregulamentação.

Reagan e Thatcher, a aliança profunda

Nunca, como nos anos 1980, a aliança entre Estados Unidos e Grã-Bretanha havia sido tão estreita. Na Grande Guerra de 1914-1918, os Estados Unidos entraram no conflito como Poder Associado, não como parte da Tríplice Entente, ao lado da Grã-Bretanha, França e Rússia. O Tratado de Versalhes, que se seguiu ao conflito, distanciou ainda mais os dois países. Na Segunda Guerra Mundial, Franklin D. Roosevelt e Winston Churchill construíram uma importante parceria, mas tinham projetos bastante distintos de uma ordem para o pós-guerra. Já as visões neoliberais de Reagan e Thatcher sobre o papel do Estado eram profundamente convergentes. A parceria entre ambos foi tão forte que, na guerra entre Grã-Bretanha e Argentina, em 1982, os Estados Unidos apoiaram a Grã-Bretanha.

Reagan e Thatcher.

A uma primeira vista, a *Reaganomics* – ou *supply-side economics*, ou seja, uma economia que enfatiza o lado da oferta, não da demanda, como os keynesianos – dos anos Reagan retomava os princípios básicos da tradição liberal clássica, rompendo com a ideia keynesiana segundo a qual o investimento público era essencial para assegurar a demanda, o investimento privado e o crescimento econômico. Para a *Reaganomics*, pelo contrário, o crescimento deveria ser liderado pelo investimento privado. Para que isso ocorresse, as empresas norte-americanas precisavam se tornar mais competitivas em um cenário internacional também altamente competitivo, através da eliminação de regulamentos do Estado Administrativo e do corte de impostos. O crescimento econômico resultante proporcionaria, segundo os economistas de Reagan, aumentos de arrecadação e, consequentemente, orçamentos equilibrados.

Um mês após sua posse, Reagan assinou a Ordem Executiva 12291, com o objetivo de enxugar o Estado Administrativo. Novas regulamentações de agências administrativas deveriam ser submetidas ao critério de custos e benefícios para a economia nacional, e não mais a critérios técnicos ou relativos à segurança e ao bem-estar. O governo também reduziu orçamentos e equipes das agências, abrandou penalidades e concedeu a setores industriais o direito de autorregulação (que na prática significava desregulamentação). As áreas de segurança do trabalho e do consumidor, de saúde e meio ambiente foram particularmente atingidas pela desregulamentação. Em julho do mesmo ano, o Congresso aprovou um corte de US$ 38,2 bilhões em programas sociais. A seguir, aprovou duas reformas tributárias. Em 1981, impostos individuais foram cortados em 25% nos três anos seguintes e a maior alíquota caiu de 70% para 50%. Em 1986, as alíquotas superiores caíram de 50% para 28%. Os objetivos: diminuir as transferências de consumidores e empresas para o Estado, de modo a disponibilizar mais recursos privados para o investimento e o consumo.

Reagan também contribuiu para criar um clima político mais hostil aos sindicatos. Ao contrário do ocorrido na Europa, onde Estados de Bem-Estar Social se tornaram provedores sociais no pós-Segunda Guerra, nos Estados Unidos, na mesma época, criou-se um sistema de bem-estar complementar público-privado, fortemente baseado em contratos coletivos de trabalho. Como as empresas norte-americanas estavam, então, protegidas da concorrência internacional, aceitaram arcar com tais custos. Com a recuperação econômica da Europa e do Japão, as empresas norte-americanas se viram em situação de desvantagem competitiva e buscaram romper os contratos coletivos de trabalho, inspirando-se no modelo japonês e/ou criando novas relações trabalhistas.

A criação de novas relações de trabalho, que dificultavam ou impediam a formação de sindicatos, ocorreu de forma particularmente vigorosa no setor de serviços. Entre 1947 e 1987, o setor industrial, o mais fortemente sindicalizado e com salários mais altos, viu sua participação no PIB cair de 25,6% para 17,1% do total. A General Motors foi a maior empresa norte-americana nos anos 1950, mas tal lugar seria ocupado pela Wal-Mart, a empresa de maior faturamento nos Estados Unidos. Nos anos 1970, a Wal-Mart iniciou a construção de vínculos de trabalho mais flexíveis e estratégias de remuneração não baseadas exclusivamente nos salários: *funcionários* se tornaram *colaboradores,* e baixos salários passaram a ser complementados pela divisão de lucros após dois anos na empresa. A alta rotatividade no emprego assegurava que poucos trabalhadores tivessem acesso à divisão de lucros, restando-lhes apenas os baixos salários. Em 1983, a remuneração dos trabalhadores das lojas de departamentos, e no setor de serviços de modo geral, correspondia a 30% da remuneração dos trabalhadores industriais.

Foi em meio ao processo de construção dessas novas relações de trabalho que ocorreu a greve dos controladores de voo de 1981, primeiro ano do governo Reagan. O então presidente declarou a greve "uma ameaça à segurança nacional" e demitiu mais de 11 mil grevistas, substituindo-os por militares e controladores aposentados. A combinação de ofensiva governamental, crescimento do setor de serviços e introdução de novas relações de trabalho fez com que o número de trabalhadores sindicalizados caísse de 22,1%, em 1980, para 15,5% em 1990.

No entanto, apesar do discurso neoliberal de Reagan, o Estado não se retirou da economia ao longo de sua presidência. Para derrotar a União Soviética na Guerra Fria, Reagan não só manteve, como também ampliou gastos militares, que chegaram a 6,81% do PIB em 1982, os mais altos desde 1971, quando os Estados Unidos estavam envolvidos na Guerra do Vietnã. Ao longo da década, gastos militares giraram na casa dos 6%, os mais altos em tempos de paz. Por isso, os críticos de Reagan o acusavam de praticar um keynesianismo militar: cortes em políticas sociais, gastos nos complexos industrial-militar e aeroespacial. Um de seus programas mais polêmicos, nesse sentido, foi a Iniciativa de Defesa Estratégica (SDI, na sigla em inglês), de 1983. Desenhada para interceptar mísseis nucleares soviéticos em pleno voo, a Iniciativa previa bases militares no espaço e, por isso, ficou conhecida como "Guerra nas Estrelas". Peças de ficção científica para muitos, os programas de defesa contra mísseis intercontinentais custaram 60 bilhões de dólares entre 1983 e 1999, com poucos avanços significativos.

Mais ainda: o corte de impostos, central para a *Reaganomics,* não produziu o esperado aumento da arrecadação e orçamentos equilibrados. Durante seus oito anos de governo, Reagan gastou US$ 1,413 bilhão a mais do que arrecadou e quando entregou o governo a seu sucessor, o também republicano

George H. Bush (1989-1993), o déficit público havia triplicado, atingindo 3,2%, o maior desde o fim da Segunda Guerra Mundial. E não só. Para combater a inflação, que em 1982 chegou a 10,8%, as taxas de juros, que giravam na casa de 0,22% na década de 1970, passaram a 4,74% na de 1980.

ANOS FINAIS DO SÉCULO XX

Se o século XX começou com a revolução do fordismo, seus anos finais foram marcados pela revolução da internet. Em 1989, quando a World Wide Web (www) foi criada, apenas 15% dos lares norte-americanos possuíam computador, mas em 2000 eram 51%. Em 1991, cerca de 1% dos norte-americanos usavam internet, mas ao final da década eram 60%. Computadores pessoais e provedores de internet formavam mercados novos, o que significa dizer que havia enorme demanda a ser atendida por empresas de equipamentos, desenvolvedoras de programas de informática e pelas empresas *dot-com*, como a Amazon.com, Inc., fundada em 1994. O impacto de tal revolução foi amplo, passando por hábitos pessoais, aumento da produtividade do trabalho, redução de custos de instalações para empresas, maior eficiência no fluxo de informações, o que, no seu conjunto, contribuiu para o crescimento constante da economia ao longo de toda a década de 1990.

Por outro lado, o presidente democrata Bill Clinton (1993-2001) manteve e aprofundou as reformas neoliberais iniciadas por Ronald Reagan. Assim como Reagan teve sua contraparte britânica em Margaret Thatcher, Clinton teve no primeiro-ministro trabalhista Tony Blair (1997-2007) um parceiro da chamada "Terceira Via", uma reorientação dos Partidos Democrata e Trabalhista, tradicionalmente associados ao keynesianismo e ao Estado de Bem-Estar Social, para o neoliberalismo econômico. Em seu Discurso do Estado da União, de 23 de janeiro de 1996, o presidente democrata não deixou dúvidas quando afirmou que o tempo do "governo grande" havia passado, acrescentando, ainda, que o "velho modo americano" deveria retornar, ou seja, cidadãos, governos estaduais e locais, associações religiosas, cívicas e de caridade deveriam trabalhar juntos para assegurar oportunidades educacionais e segurança econômica para todos.

A visão de Clinton acerca do papel do Estado na provisão social e na economia tornou o Partido Democrata mais próximo do Republicano do que do partido de Franklin D. Roosevelt e Lyndon Johnson. Em 1996, Clinton implementou a reforma do Estado de Bem-Estar Social, ao limitar o tempo em que um cidadão poderia ser beneficiário de serviços públicos, e, em 1999, liberalizou o mercado financeiro, ao repelir a Lei Glass-Steagall, aprovada durante o New Deal, que fazia a distinção entre bancos comerciais e de investimentos. Além disso, reduziu o gasto público de 22,2% do PIB em 1992 para 18% em 2000, e entregou o país a seu sucessor, o republicano George W. Bush (2001-2009), com um superávit fiscal de 1,2%.

Como é comum entre economistas, eles jamais chegaram a um acordo sobre as razões do crescimento dos anos 1990. Para uns, a resposta está nas reformas neoliberais de Reagan e Clinton, que tornaram o Estado mais enxuto e as empresas mais competitivas. Para outros, nos anos 1990 teria ocorrido um transbordamento para a economia civil dos investimentos públicos em Ciência & Tecnologia realizados no pós-Segunda Guerra, principalmente nas áreas de computadores, semicondutores e telemática. De fato, até 1955, agências federais foram responsáveis por virtualmente todos os desenvolvimentos na área computacional e a internet surgiu a partir do Advanced Research Projects Agency Network (Arpanet), uma rede de dados militares da década de 1960. Para esses economistas, as reformas neoliberais haviam legado, também, indicadores preocupantes. Um era o endividamento das famílias, que correspondeu a 24% do PIB norte-americano em 1950, mas em 2022 chegou a 98%, evidenciando que, para sustentar a demanda de uma economia com capacidade cada vez maior de oferecer bens e serviços, os salários das famílias tiveram que ser complementados pela ampliação de sua capacidade de endividamento.

Reapresentava-se, assim, a contradição: no nível das empresas, salários baixos justificaram-se diante da nova concorrência internacional colocada pela globalização; no nível da economia como um todo, salários baixos implicavam um problema para a formação da demanda, levando ao endividamento das famílias. Enquanto isso, processos especulativos se desenvolviam na nova economia da internet e no tradicional setor imobiliário. O primeiro estourou ainda em 2000, no governo Clinton, com a queda dos preços das ações das empresas *dot-com*; o segundo, em 2008, com o estouro da bolha imobiliária, levando à maior crise econômica desde a Grande Depressão.

O véu e o sonho

NARRATIVAS NACIONAIS E CIDADANIA

A partir da segunda metade do século XIX, Exposições Universais serviram de palco para celebrar a modernidade dos seus países-sede. A de Londres, em 1851, foi realizada no Crystal Palace, estrutura de aço e vidro a revelar ao mundo as conquistas industriais inglesas. A de Paris não fez por menos. Para comemorar o centenário da Revolução, em 1889, ergueu os 324 metros da Torre Eiffel, evidência do arrojo e da sofisticação da engenharia francesa.

Conquistas industriais inglesas, engenharia francesa. A Europa vivia a era dos nacionalismos, resultando nas Unificações Italiana e Alemã e na crise de Impérios multiétnicos, multilinguísticos e multirreligiosos, como o Russo, o Austro-Húngaro e o Otomano. Consolidava-se, então, uma nova forma de organização política de territórios e populações, o Estado-nação, mesmo que em seu território vivessem diversos grupos étnico-linguísticos. A estes, restaram os desafios da assimilação, da aceitação de direitos limitados ou a emigração.

Nação, Estado-nação e cidadania

Nação é uma comunidade de origem e destino construída por uma narrativa nacional, ao passo que *cidadania* constitui um conjunto de direitos e deveres definidos por lei, que regulam as relações entre cidadão e Estado. No Estado-nação, o Estado procura exercer monopólio sobre a narrativa nacional através de livros escolares, museus, monumentos, valorização do folclore e língua nacional. Com frequência, em um Estado-nação, os direitos de cidadania só são plenamente exercidos (formalmente ou na vivência efetiva) por aqueles tidos como integrantes da narrativa nacional.

Nos Estados Unidos não foi diferente.

Para celebrar o quarto centenário da chegada de Cristóvão Colombo à América, Chicago também teve a sua Exposição, em 1893, iluminada por lâmpadas elétricas. Na ocasião, Frederick J. Turner apresentou a conferência *O significado da fronteira na história americana*. Segundo ele, foi na Conquista do Oeste, enfrentando a natureza hostil e as nações indígenas – mas, também com elas, aprendendo a sobreviver entre ursos e bisões, nevascas e sol inclemente –, que europeus teriam deixado para trás roupas e costumes antigos para se tornarem igualitários, individualistas e democráticos. Em outras palavras, americanos, dedicando suas vidas à superação de quaisquer fronteiras.

A épica turneriana da fronteira inspiraria todo um gênero do cinema hollywoodiano, o faroeste, cujos grandes protagonistas nunca encontram lugar definitivo no mundo. Ao superar um passado misterioso e abrir mão de um presente de afetos, Shane, de *Os brutos também amam* (1953), cumpre o destino de todo o mocinho de bangue-bangue que se preze: parte quando o *The End* surge na tela. Seu lugar no mundo é o próprio movimento, a busca incessante, a permanente invenção de novos futuros. A nação norte-americana de Turner, composta por homens como Shane, nascia, portanto, tão moderna quanto o Crystal Palace, a Torre Eiffel e as lâmpadas elétricas.

American Progress

Turner não criou a épica do Oeste. Entre 1823 e 1841, James Fenimore Cooper publicou cinco romances históricos – dentre os quais *O último dos moicanos* – protagonizados por Natty Bumppo, pioneiro criado entre índios. O quadro (reproduzido a seguir) *American Progress* (1872), de John Gast, também precede a conferência de Turner e ecoa as *Cartas de um fazendeiro americano*, de Jean de Crèvecoeur, de 1782, repletas de temas jeffersonianos: "Somos um povo de agricultores, espalhados por um imenso território [...], unidos pelos laços macios de um governo suave, respeitadores das leis, sem medo do seu poder, pois ele é justo". No quadro de Gast, os laços do governo, de tão macios, sequer existem. *American Progress* incorporou-se à narrativa excepcionalista da nação norte-americana através de pôsteres e livros didáticos.

Considerado o pai da moderna historiografia dos Estados Unidos, Turner emprestava autoridade acadêmica à sua tese, parte do intenso debate então travado a respeito de quem pertencia à nação norte-americana. Afinal, ao contrário dos Estados-nações nascentes na Europa, cujas populações, de modo geral, residiam há séculos em seus territórios, nos Estados Unidos todos eram relativamente recém-chegados – com a exceção dos

82 ESTADOS UNIDOS NO SÉCULO XX

nativoamericanos –, alguns como colonizadores, outros como imigrantes, outros, ainda, como escravizados.

O cenário da narrativa de Turner, baseada em uma experiência histórica compartilhada por milhões de homens, mulheres e crianças, aproximava-se de outra narrativa da fronteira, a de Theodore Roosevelt, para quem a luta contra as adversidades do Oeste teria tornado os norte-americanos uma nação de homens viris e guerreiros. Turner e Roosevelt se distanciavam, por outro lado, de outras duas grandes narrativas nacionais, a dos Pais Fundadores e a dos Pais Peregrinos. Para a primeira, os fundadores da nação eram homens como Washington, Jefferson e Madison, que fizeram a Independência e construíram as instituições republicanas; para a segunda, os puritanos que atravessaram o Atlântico rumo à Nova Inglaterra, em 1620, a bordo do navio Mayflower, e se tornaram as sementes de uma nação branca, anglo-saxã e protestante (wasp, de *white, anglo-saxan and protestant*).

Turner apresentou sua tese quando o centro dinâmico da sociedade e da economia dos Estados Unidos não era mais a pradaria, mas a grande cidade da Costa Leste e do Meio-Oeste. Foram as cidades que receberam a maioria dos imigrantes, que perfaziam 13% da população dos Estados Unidos em 1920, boa parte do Sul e Leste europeus, judeus, católicos e cristãos ortodoxos. A pobreza e as famílias desajustadas retratadas em *Oliver Twist*, de 1838, bem poderiam ter como cenário não a Londres de Charles Dickens, mas os cortiços de imigrantes da própria Chicago da Exposição de 1893. Não sendo wasps, tampouco vivendo em cabanas de troncos, tais imigrantes se viram diante do desafio de construir novas narrativas nacionais que também os tornassem norte-americanos, como a da *americanização* e a do *pluralismo cultural*.

A narrativa da americanização ganhou corpo entre trabalhadores imigrantes ainda no século XIX. Para os Cavaleiros do Trabalho, a primeira grande central sindical norte-americana, fundada em 1869, o americanismo representava um instrumento de identidade de classe para trabalhadores pertencentes a troncos etnolinguísticos diferentes. No início do século XX, Samuel Gompers, presidente da Federação Americana do Trabalho (AFL), ele próprio um imigrante judeu da Inglaterra, defendia a sindicalização como forma de americanização de imigrantes que falavam dezenas de línguas diferentes. Em 1908, Israel Zangwill, também judeu de origem inglesa, deu expressão artística à ideia. Na peça teatral *The Melting-Pot* (O caldeirão), um judeu sobrevivente de perseguições na Rússia se casa nos Estados Unidos com a filha do oficial russo que massacrara sua família em um *pogrom*. A mensagem, tão simples quanto clara, era a de que o Novo Mundo dissolve os ódios do Velho, tornando os Estados Unidos um *melting-pot*, um caldeirão de "raças" que se misturam e formam uma única nação.

Estado, educadores e setores do empresariado incorporaram a ideia. Embora lamentando a presença de imigrantes no estoque genético nacional, Ellwood Cubberley afirmou, em 1909, ser necessário, na medida do possível, inculcar em seus filhos a concepção anglo-saxã da lei e da ordem. A escola pública e livros didáticos, como o de William Holmes McGuffey, assumiam, assim, papel central. A própria 18ª Emenda (Lei Seca) era parte do processo de americanização dos imigrantes, da qual Henri Ford foi entusiasta. O Dia de 5 Dólares não tinha função apenas econômica, era também instrumento de nacionalização (e controle social): só era pago aos trabalhadores, em sua maioria imigrantes, que se submetessem a condutas tidas por Ford como americanas, como autocontenção sexual, formação de famílias, temperança, frequência a templos, rejeição a sindicatos e jogos de azar e aprendizado de inglês.

Entendendo a *americanização* como resultado da imposição autoritária de padrões culturais uniformes a uma população formada por imigrantes de origens diversas, o filósofo Horace Kallen, imigrante judeu alemão, publicou, em 1915, o ensaio *Democracy versus the Melting-Pot* (Democracia contra o caldeirão de "raças"), no qual propunha o conceito de *pluralismo cultural*. Como cada instrumento de uma orquestra contribui com timbre próprio para o som harmônico de uma sinfonia, também cada grupo de imigrantes contribuiria, segundo ele, com sua cultura própria para o som harmônico da nação norte-americana. Para Kallen, até o nome do país, Estados Unidos da América, desvinculava-o de qualquer filiação étnica ou nacional, ao contrário da Inglaterra, o país dos anglos, ou da França, o país dos francos.

Uma nação forjada na Conquista do Oeste, fundada por homens de virtude cívica, caldeirão de "raças", culturalmente plural. Em tais narrativas, os afro-americanos estavam ausentes, assim como estavam, evidentemente, da narrativa wasp. Nada de novo. Desde a fundação da República, os Estados Unidos foram pensados como um país de brancos. A primeira lei de naturalização, de 1790, já dizia que o aplicante deveria ser branco. Índios eram considerados estrangeiros; escravizados, um mal necessário. Thomas Jefferson afirmava que "duas raças não podem conviver sob o mesmo governo" e propunha que, uma vez libertos, os negros deveriam ser deportados. Em 1816, a

84 ESTADOS UNIDOS NO SÉCULO XX

Sociedade Colonizadora Americana adquiriu um território na costa ocidental da África, atual República da Libéria, a fim de enviá-los para lá.

Quando a Emancipação finalmente chegou, em 1865, o lugar dos afro-americanos na comunidade nacional estava longe de assegurado e, por conseguinte, a efetiva vivência de seus direitos de cidadania. A Guerra Civil impôs aos estados sulistas, derrotados, as Emendas da Reconstrução, mas eles encontraram meios legais de retirar dos ex-escravizados e seus descendentes os direitos previstos na 14ª e na 15ª Emendas, ou seja, a igualdade perante a lei e o direito de voto. Como afirmou W. E. B. Du Bois – primeiro afro-americano a se doutorar em Harvard, em 1895 – em *A alma da gente negra*, publicado em 1903, um véu separava os homens de pele clara daqueles de pele escura. Seu nome, racismo. Seu formato institucional, o Jim Crow.

A CONSTRUÇÃO INSTITUCIONAL DO VÉU: O JIM CROW

Ao contrário da Europa, onde Estados nacionais centralizados definiram direitos e deveres dos cidadãos, a Constituição federalista norte-americana compartilha a cidadania entre União e estados. Um indivíduo é, ao mesmo tempo, cidadão do estado onde vive e dos Estados Unidos, e seus direitos e deveres como cidadão de cada um desses entes federativos nem sempre convergiram, como evidenciou *Barron v. Baltimore*, de 1833, em que a Suprema Corte dos Estados Unidos decidiu que a Carta dos Direitos se aplicava apenas aos cidadãos dos Estados Unidos, não aos cidadãos dos estados.

Se as Emendas da Reconstrução fortaleceram a dimensão nacional da cidadania (a 14ª Emenda tornou inválida a decisão de *Barron v. Baltimore*), as elites brancas do Sul, autojustificadas por uma narrativa nacional de natureza racial, usaram no pós-Guerra Civil os recursos do federalismo de que ainda dispunham para evitar que afro-americanos se tornassem sujeitos plenos de direitos: criaram o sistema Jim Crow de segregação racial, sancionado pela Suprema Corte em *Plessy v. Ferguson*, de 1896, e retiraram-lhes o direito de voto graças à seção 4 do artigo 1 da Constituição.

O caso que levaria a *Plessy v. Ferguson* teve início em 1890, quando uma lei da Louisiana determinou a separação entre brancos e negros nos vagões ferroviários estaduais. Em 1892, Homer Plessy, de aparência branca, mas legalmente negro pela lei estadual, sentou-se em um vagão para brancos e foi preso. O caso chegou à Suprema Corte dos Estados, que, em 1896, criou, com base na 14ª Emenda, o princípio *separados, porém iguais*: a Louisiana poderia separar brancos e afro-americanos, desde que proporcionasse serviços iguais para ambos. Estava assegurada a constitucionalidade do Jim Crow e aberto o caminho legal para a segregação racial nos estados que assim o desejassem.

O Jim Crow

Em sua origem, Jim Crow era uma canção e número musical ridicularizando os afro-americanos, mas acabou por dar nome à legislação dos estados do Sul destinada a segregar os ex-escravizados e seus descendentes, após o fim da Reconstrução.

Nos estados onde havia segregação, até os bebedouros públicos eram separados para brancos e afro-americanos. Imagem de um bebedouro com a placa *"colored"* (para pessoas de cor), em Oklahoma City, 1939.

A perda de direito de voto dos afro-americanos, por seu lado, dispensou interpretações constitucionais. A seção 4 do artigo 1 da Constituição afirma que cabe aos legislativos estaduais estabelecer os modos de realização das eleições para senadores e deputados federais. Entre 1890 e 1908, os estados do Sul passaram a organizar as eleições excluindo o voto dos afro-americanos através de expedientes não previstos pela 15ª Emenda, como cobrança de impostos e realização de testes de alfabetização.

A perda de direitos dos afro-americanos foi acompanhada por extrema violência. Entre 1882 e 1968, ocorreram 3.400 linchamentos contra eles, com o estado do Mississippi ocupando a liderança. Em 1921, no Massacre de Tulsa, Oklahoma, o linchamento deu lugar a um verdadeiro *pogrom*: quarteirões inteiros da cidade foram queimados por multidões de brancos, resultando em cerca de 300 afro-americanos mortos.

O nascimento de uma nação

Cartaz do filme *O nascimento de uma nação*.

> No século XX, o cinema se tornou um grande construtor da consciência histórica e de narrativas nacionais nos Estados Unidos. *O nascimento de uma nação*, de 1915, foi o primeiro grande épico cinematográfico. Ambientado na Reconstrução, o filme apresentava afro-americanos como corruptos e sexualmente vorazes, ao passo que os cavaleiros da Ku Klux Klan surgiam como protetores da pureza das moças brancas e dos valores americanos. Em 1939, outro grande clássico de Hollywood, *E o vento levou*, também contribuiu para fortalecer a nostalgia pelo Velho Sul.

O véu de que falava Du Bois não era retórico. Estava inscrito nas instituições políticas e sociais do Sul e na violência do dia a dia de milhões de afro-americanos.

NOVOS "INDESEJÁVEIS"

A narrativa nacional wasp, também chamada *nativista*, legitimou não apenas o Jim Crow, mas a restrição à imigração de grupos étnicos tidos como "indesejáveis", dado que portadores de olhos, pele e cabelos escuros demais e/ou que rezavam de forma diferente. Imigrantes japoneses e chineses representavam o "perigo amarelo". Italianos e irlandeses eram frequentemente associados aos afro-americanos, os primeiros como "guineas", os segundos, de forma indireta: afro-americanos eram, por vezes, chamados de "irlandeses defumados". Católicos poloneses, irlandeses e italianos eram chamados pejorativamente de "papistas"; judeus da Europa Oriental, além de "cosmopolitas e adoradores de dinheiro", eram uma "raça asiática", assim como os russos, cujos traços não escondiam "sangue mongol". Para os defensores do fechamento dos Estados Unidos à imigração, era preciso "estancar o suicídio racial".

Chineses foram os primeiros impedidos de entrar, pela Lei de Exclusão dos Chineses, de 1882. Os japoneses, também asiáticos, foram barrados de maneira diplomática. Pelo Acordo de Cavalheiros entre Estados Unidos e Japão, de 1907, o Império Japonês suspendeu a emissão de passaportes para seus súditos emigrarem para os Estados Unidos, ao passo que o presidente Theodore Roosevelt se comprometeu a trabalhar pelo fim da segregação de crianças de origem japonesa em escolas da Califórnia.

Propaganda do sabão Magic Washer cuja legenda original dizia: "Não precisamos deles, já que temos esse maravilhoso sabão. Que bênção para mães cansadas. Custa tão pouco e não estraga as roupas". Anúncio de 1886 associando os chineses ao trabalho barato e de má qualidade. Doze anos antes, imigrantes chineses haviam sido vítimas de um massacre em São Francisco, resultando na destruição de centenas de propriedades e na morte de quatro pessoas.

Os debates sobre restrição à imigração de europeus, que se originaram em meados do século XIX contra os irlandeses, ganharam força com o assassinato do presidente William McKinley, em 1901, pelo anarquista Leon Czolgosz, filho de imigrantes poloneses. Em 1907, o Congresso criou a Comissão de Imigração dos Estados Unidos, conhecida como Comissão Dillingham, que concluiu serem os imigrantes do Sul e do Leste europeus indesejáveis e recomendou a criação de cotas de imigração segundo origem nacional, assim como a realização de testes de alfabetização para a admissão de novos imigrantes.

A KKK sem máscaras

Parada da KKK em frente ao Capitólio. Washington, 13 de setembro de 1926.

Renascida após 1915, em parte graças ao filme *O nascimento de uma nação*, a KKK se tornou, então, forte também no Meio-Oeste, e integrou os imigrantes católicos e judeus aos afro-americanos no seu rol de inimigos. A "segunda KKK", como ficou conhecida, operava à luz do dia, proporcionando aos seus milhões de membros, entre quatro e seis, acampamentos de verão, piqueniques, revistas e jornais, duas faculdades e uma produtora cinematográfica para fazer frente à "degeneração moral" do que entendia ser a "Hollywood judaica".

Com a entrada dos Estados Unidos na Grande Guerra, em 1917, o sentimento contra os imigrantes se fortaleceu ainda mais. O alvo, dessa vez, eram os alemães. A desconfiança para com imigrantes de origem alemã remontava ao período colonial. Benjamin Franklin olhava com preocupação a ameaça de os "imigrantes do Palatinado" criarem um enclave na Pensilvânia. Em 1917, a propaganda do governo associou os alemães ao despotismo prussiano, estimulando o público a assistir a filmes como *O Kaiser, a besta de Berlim*. Em Boston, Beethoven chegou a ser banido das salas de concerto, e mesmo o popular hambúrguer foi renomeado *liberty steak*. Até avenidas, cidades e raças de cachorro mudaram de nome. A Hamburg Avenue, em Nova York, virou Wilson Avenue; Germantown, Nebraska, tornou-se Garland; Berlin, Iowa, foi rebatizada para Lincoln, e o pastor-alemão virou pastor alsaciano. Como setores nativistas achassem pouco, organizaram a Liga de Proteção Americana, também no ano de 1917, que chegou a reunir cerca de 250 mil militantes.

A animalização dos alemães. O cartaz remete a "animalidade germânica" à dos afro-americanos, "violadores de donzelas brancas", tema recorrente do pensamento racial norte-americano e abordado em *O nascimento de uma nação*. A representação de inimigos externos como símios também ocorrera com os espanhóis, na Guerra Hispano-Americana de 1898.

O Medo Vermelho que se seguiu à Grande Guerra, quando trabalhadores imigrantes foram associados à agitação social e à própria Revolução Russa, serviu como justificativa final. Em 1924, a Lei Johnson-Reed determinou a criação de cotas de imigração, como sugeria a Comissão Dillingham. Ainda que a imigração tenha sido praticamente suspensa para todos, as cotas favoreciam imigrantes dos países do Norte da Europa em detrimento dos oriundos do Sul e do Leste europeus, e excluía totalmente os asiáticos. A Lei não foi uma vitória apenas dos nativistas. Teve o apoio do movimento sindical, AFL à frente, para a qual a abundante força de trabalho, permanentemente alimentada pela imigração, rebaixava os salários e o padrão de vida dos trabalhadores.

Os imigrantes e seus filhos norte-americanos, chamados de americanos hifenizados (ítalo-americanos, polaco-americanos etc.), elaboraram diferentes estratégias para lidar com o nativismo. À maneira do pluralismo cultural, fortaleceram laços comunitários e inventaram novas tradições, como as procissões de São Patrício, caso dos irlandeses-americanos, e de São Januário, dos ítalo-americanos. À maneira do *melting-pot*, americanizaram-se em cinemas, jogos de beisebol, parques de diversões e pistas de boliche. Astros dos esportes e do cinema, como Babe Ruth e Al Jolson, com suas roupas, gírias e projetos de futuro, passaram a servir como guia comportamental e de valores para milhões de norte-americanos de todas as origens étnicas e religiosas. Na década de 1930, o cinema sonoro transformou Hollywood no grande construtor de uma comunidade nacional de língua inglesa. A *cultura de massa*, que então se consolidava nas grandes cidades, contribuiu, portanto, para criar uma nova comunidade nacional, em que valores culturais tradicionais, herdados dos países de origem dos imigrantes, precisavam se equilibrar com a sedução da América.

O cantor de jazz

O cantor de jazz, filme de 1927, marcou a transição para o cinema sonoro. Na trama, Jakie Rabinowitz desafia a autoridade do pai, cantor de sinagoga, muda o nome para Jack Robin (como Asa Yoelson, que o interpreta, cujo nome artístico era Al Jolson) e, usando *blackface* (quando um branco pinta a face de preto), torna-se cantor de jazz. *O cantor de jazz* aponta para o conflito de gerações entre pais imigrantes, apegados à tradição da terra natal, e filhos nascidos nos Estados Unidos, ávidos por se tornarem americanos.

> *Blackface* também foi um recurso utilizado no *vaudeville* para ridicularizar afro-americanos. Em *O nascimento de uma nação*, atores brancos em *blackface* interpretaram os personagens afro-americanos.

Afro-americanos que viviam no Sul e, em 1900, constituíam 90% da população negra, logo entrariam em contato com essa cultura de massas. Na Grande Guerra, muitos empreenderam a Grande Migração para os estados do Norte, e cidades como Chicago e Nova York passaram a abrigar importantes comunidades afro-americanas. Na década de 1920, Nova York foi palco da Renascença do Harlem, uma explosão de criatividade na literatura, nas artes plásticas e, sobretudo, na música, assim como da afirmação da dignidade do Novo Negro.

Para Du Bois, a "música negra" era não apenas a única música verdadeiramente americana, mas, também, a mais bela expressão da experiência humana nascida na América. Música negra *e* americana, portanto, "como a própria alma dos afro-americanos".

Esse "negro *e* americano" bem poderia fazer parte da "sinfonia norte-americana" de Horace Kallen. Kallen, no entanto, não o "convidou". Mesmo assim, a contribuição dos afro-americanos foi enorme, e não se limitaria a um timbre. Eles dariam o tom, o ritmo, a harmonia e a melodia.

Scott Joplin, o *ragtime* e os judeus

Na Exposição de Chicago, em que Frederick J. Turner apresentou sua tese da fronteira, Scott Joplin apresentou o *ragtime*. Turner não deu muita atenção aos afro-americanos na formação da nação, mas as composições de Scott Joplin, como "The Entertainer", se tornariam clássicos da música norte-americana.

A "música negra" acabou por se tornar um forte ponto de contato entre afro-americanos e judeus originários do Leste Europeu, que tampouco se encaixavam nas narrativas nacionais nativistas e da fronteira.

George Gershwin compôs a ópera *Porgy and Bess* (1935), tida por muitos como representação preconceituosa da vida dos afro-americanos, cuja ária "Summertime" seria imortalizada por Janis Joplin. Gershwin compôs, também, *Rhapsody in Blue* (1924), combinando elementos jazzísticos e de música clássica, e canções que se tornaram clássicos norte-americanos nas vozes de cantoras afro-americanas como Ella Fitzgerald, como "Someone to Watch Over Me". Diversos dos primeiros músicos brancos de jazz, como Irving Berlin e Benny Goodman, também eram judeus, assim como, anos mais tarde, Stan Getz.

Nem durante o New Deal, quando se produziu uma narrativa nacional incorporando os americanos hifenizados, o "convite" aos afro-americanos foi feito.

As políticas econômicas e sociais do New Deal, que transformaram amplos segmentos da população em sujeitos de direitos, foram acompanhadas por uma nova narrativa nacional, financiada e estimulada pelo governo através do Projeto Federal de Artes (FAP, na sigla em inglês), o Projeto Federal de Música (FMP, na sigla em inglês) e o Projeto Federal de Teatro (FTP, na sigla em inglês). Agências de correio, uma das maiores burocracias do Estado, com capilaridade em todo o território, foram decoradas com pinturas murais que iriam se tornar também suportes de uma nova narrativa que incorporava à comunidade nacional seguimentos da sociedade até então desvalorizados. Por exemplo, em uma agência de correio do Texas, a de Elgin, os trabalhadores retratados e valorizados na pintura mural do artista Julius Woeltz, *Texas Farm* (1940), são os hispânicos. Indivíduos anônimos e atores coletivos de diversas origens, crenças e tons de pele, os "homens esquecidos" de que falava Franklin D. Roosevelt, tornaram-se, então, tão norte-americanos quanto os wasps, ou seja, foram incorporados à narrativa nacional do New Deal. Os judeus, em particular, sentiram-se de tal modo incorporados à ideia de nação do New Deal que este passou a ser chamado por seus opositores antissemitas de "Jew Deal" e, o presidente, de "Franklin D. Rosenfeld".

O New Deal também representou uma tentativa de incorporação dos nativoamericanos à narrativa nacional. Até então, as políticas do governo norte-americano haviam se orientado para a concentração das nações indígenas em reservas, e na assimilação e na transformação dos nativoamericanos em fazendeiros. Com o New Deal, a cultura dos povos originários foi revalorizada e a Lei de Reorganização Indígena, de 1934, acabou com o loteamento de terras.

No entanto, o New Deal apenas ensaiou a incorporação dos afro-americanos à sua narrativa nacional e ao mundo dos direitos. Roosevelt chegou a montar um Gabinete Negro, reunindo importantes lideranças afro-americanas, como Mary McLeod Bethune, para assessorá-lo. Iniciativas como o Levantamento de Registros Históricos (HRS, na sigla em inglês) registraram histórias de vida de ex-escravizados, já bastante idosos – o que acabou por contribuir, na década de 1960, para a renovação da historiografia sobre a escravidão –, e projetos artísticos, teatrais e musicais do FAP, FMP e FTP, foram realizados em bairros afro-americanos por artistas afro-americanos. Quando, em 1939, a soprano negra Marian Anderson foi impedida de cantar no auditório das Filhas da Revolução Americana, uma associação branca e segregacionista, Eleanor Roosevelt, esposa do presidente, não apenas se desfiliou dessa associação, como organizou, com o apoio do governo federal, um recital para a artista nas escadarias do Lincoln Memorial.

Concerto de Marian Anderson nas escadarias do Lincoln Memorial em 9 de abril de 1939.

A segregação racial, contudo, não foi enfrentada. Entre 1896 e os anos 1930, a bancada democrata dos estados do Sul, majoritariamente segregacionista, impediu Franklin D. Roosevelt de se contrapor aos chamados direitos dos estados no campo da segregação racial, assim como de evitar que fundos federais fossem utilizados de forma segregada em programas sociais administrados pelos estados. Mais: tanto a Lei de Seguridade Social quanto a Lei Wagner, ambas de 1935, voltavam-se para trabalhadores urbano-industriais, excluindo os domésticos e rurais, importantes setores do trabalho de afro-americanos. A tímida tentativa de incluir os afro-americanos à narrativa nacional, portanto, não foi acompanhada da tentativa de transformá-los em sujeitos plenos de direitos.

Nem sequer a entrada dos Estados Unidos na Segunda Guerra Mundial contra um regime abertamente racista, a Alemanha nazista, foi capaz de desafiar o Jim Crow. As Forças Armadas norte-americanas combateram segregadas. Foram além: separavam o sangue doado em "plasma branco" e "plasma negro". Por isso, o jornal afro-americano *The Amsterdam News*, do Harlem, exigia uma Dupla Vitória: contra os nazistas e contra a segregação.

A conjuntura da guerra ainda fortaleceu o racismo contra os nipo-americanos. A Ordem Executiva 9066, assinada por Roosevelt, autorizou a internação em "centros de realocação" de pessoas consideradas ameaças à segurança nacional, resultando na prisão, até o fim da guerra, de cerca de 120 mil nipo-americanos, dos quais 70 mil eram cidadãos norte-americanos, sem que qualquer acusação formal contra eles fosse formulada. Não se tratava, portanto, de centros de realocação. Eram, a rigor, campos de concentração.

A vitória contra o nazifascismo, porém, resultou em um primeiro passo, tímido ainda que importante, na luta contra o racismo institucionalizado: em julho de 1948, o presidente Harry Truman dessegregou as Forças Armadas. Tímido, porque o Jim Crow continuava em vigor; importante, porque sinalizou o compromisso de setores do Partido Democrata com o combate à segregação.

O SUBÚRBIO E O GUETO

Em fins do século XIX, a cidade grande passou a ser associada por setores das classes médias brancas à violência e à pobreza. Teve início, então, um tímido processo de suburbanização ao longo de linhas ferroviárias. A partir de 1913, com a produção em massa do meio de transporte individual, a construção de subúrbios com áreas cada vez maiores e densidades populacionais cada vez menores ganhou impulso. Em Kansas City, Missouri, o transporte individual superou o coletivo no trajeto entre subúrbios e centro urbano na década de 1920.

Foi apenas no pós-Segunda Guerra, contudo, que casas suburbanas se espalharam por todo o país, e comunidades que até então viviam separadas em bairros étnicos nas grandes cidades passaram a viver lado a lado com wasps nas novas zonas suburbanas. Pela primeira vez, filhos e netos de imigrantes católicos e judeus do Sul e Leste europeus não só dividiram salas de aula com crianças anglo-saxãs e protestantes, como, também, passaram a namorá-las e a com elas se casar. Histórias como as dos personagens de Israel Zangwill, em *The Melting-Pot*, tornaram-se mais comuns. Casamentos interconfessionais, que não passavam de 18% antes de 1960, saltaram para 40% em 2010. Em razão de seu reduzido número, judeus passaram a se casar com membros de outras religiões com frequência ainda maior, chegando a 61% na primeira década do século XXI.

Não que as diferenças religiosas houvessem desaparecido. Em seu clássico *Protestante-católico-judeu*, de 1955, o sociólogo Will Herberg chegou a afirmar que a religião havia tomado o lugar das comunidades étnicas como a grande fronteira entre diferentes segmentos da sociedade norte-americana. Ainda assim, segundo ele, as religiões abraâmicas compartilhariam valores espirituais com o *American Way of Life*, como o apreço pela democracia, o idealismo e fortes convicções morais.

Nos subúrbios, hábitos de lazer e consumo se padronizaram e homogeneizaram. Pequenos comércios, como mercearias e tabacarias, comuns nos antigos bairros étnicos das grandes cidades, deram lugar a supermercados, lojas de departamentos e shopping centers. Shoppings, em particular, tornaram-se locais de encontro e lazer, fazendo o papel de espaços públicos, embora, por definição, fossem espaços de consumo privado. Casas suburbanas se tornaram, elas próprias, importantes unidades de consumo, como evidencia a demanda por elas criada para as indústrias de eletrodomésticos, como televisores, máquinas de lavar, aspiradores de pó e geladeiras. Em 1950, 9% dos lares tinham aparelho de TV, mas em 1955 já eram 63%.

No pós-Segunda Guerra, o aparelho de TV se tornou elemento tão importante da vida doméstica suburbana que salas de televisão foram acrescidas às plantas das casas e a "poltrona do papai" passou a ser objeto obrigatório do mobiliário. Além de proporcionar conforto, a poltrona do papai hierarquizava os membros da família, com o homem no topo. Às mulheres, cabia cuidar de casa, filhos e marido e frequentar templos, shopping centers, supermercados e reuniões sociais. Não à toa, um dos mais importantes seriados norte-americanos dos anos 1950, *Papai sabe tudo*, era uma ode à família patriarcal branca de classe média.

Presente no coração desse modo de vida, o automóvel.

Nas formas de alimentação: em 1948, o restaurante dos irmãos McDonald, em San Bernardino, Califórnia, frequentado por clientes motorizados e sempre apressados, padronizou e homogeneizou suas refeições, concentrando-se na produção fordista de hambúrgueres.

Nas férias familiares: acampamentos em parques nacionais tornaram-se hábito familiar.

Nas primeiras experiências sexuais: o sexo dentro de carros se tornou um hábito de jovens do subúrbio, só arrefecido na década de 1970, quando começaram a escassear locais seguros e ermos para sua prática.

No dia a dia: para trabalhar e fazer compras, levar e buscar crianças na escola, ir a um médico, cinema ou restaurante, o morador do subúrbio era refém do automóvel.

Mais do que quaisquer outros, os carros da GM expressavam a era de abundância da classe média do pós-guerra. Com linhas inspiradas na cauda do Lockheed P-38 Lightning, um caça da Segunda Guerra, acrescidas de grandes chapas metálicas e elementos cromados, o Cadillac se tornou o grande símbolo de distinção social de então. Quando os irmãos McDonald começaram a fazer sucesso com seu restaurante de *fast-food*, cada um comprou seu Cadillac. Nos anos 1950, a importância atribuída ao estilo fez com que o departamento de *design* da GM fosse mais prestigiado do que o de engenharia. Pequenas modificações no estilo passaram a ser consideradas mais importantes do que melhoras em componentes mecânicos. O conforto tornou-se obsessão: direção hidráulica, câmbio automático, isolamento térmico e acústico e suspensão macia.

O Cadillac "rabo de peixe".

Tal modo de vida logo encontrou seus críticos. Em 1950, David Riesman publicou *A multidão solitária*, em que questionava a sociedade de consumo homogeneizada, padronizada, conformista e destituída de sentido do *American Way of Life* suburbano. Foi um acontecimento político e literário, o trabalho de sociologia mais lido em meados do século, inclusive pelo grande público. A geração *beat* de Jack Kerouac e Allen Ginsberg também expressou seu descontentamento. O poema "América", publicado por Ginsberg em 1956, tinha no automóvel um de seus alvos de crítica:

> A Rússia quer nos comer vivos.
> O poder da Rússia é louco.
> Ela quer tirar nossos carros de nossas garagens. [...]
> Ela quer botar nossas fábricas de automóveis na Sibéria.
> A grande burocracia dela mandando em nossos postos de gasolina.

Rosa Parks, no entanto, não morava nos subúrbios, tampouco tinha automóvel. Andava de ônibus. Ela, Oliver Brown, Thurgood Marshall, Martin Luther King Jr., Medgar Evers e muitos outros fizeram parte da geração de militantes afro-americanos que, no pós-Segunda Guerra, reuniu as condições políticas e organizacionais para desafiar o véu do Jim Crow. Coube aos militantes pelos direitos civis proclamar as verdades, tão autoevidentes quanto as contidas na Declaração de Independência, que democracia e república eram incompatíveis com segregação racial e barreiras ao voto. Coube a eles, sobretudo, suportar, com perda de vidas e derramamento de sangue, a violenta reação dos defensores da segregação, que julgavam ter o direito inalienável de tratar afro-americanos como seres humanos e cidadãos de segunda categoria.

A construção institucional do movimento pelos direitos civis começou com a fundação da Associação Nacional para o Avanço das Pessoas de Cor (NAACP, na sigla em inglês), em 1909. No pós-Segunda Guerra, um advogado afro-americano da NAACP, Thurgood Marshall, preparou a estratégia jurídica para combater o Jim Crow: elaborar casos legais que questionassem a constitucionalidade da segregação nas escolas públicas, com base na 14ª Emenda, de modo a que chegassem à Suprema Corte dos Estados Unidos. O mais importante de tais casos foi *Brown v. Board of Education*, de 1954.

Em Topeka, Kansas, Oliver Brown, militante da NAACP, tentou matricular a filha em uma escola pública para crianças brancas. Recusada a matrícula, ele entrou na justiça. O caso chegou à Suprema Corte dos Estados Unidos, na qual Thurgood Marshall questionou a constitucionalidade da segregação. Por unanimidade, a Suprema Corte declarou a segregação inconstitucional, revertendo a decisão de *Plessy v. Ferguson*, de 1896. *Brown v. Board of Education* deu razão a Oliver Wendell Holmes, o juiz da Suprema Corte que havia dito ser possível interpretar qualquer princípio constitucional de maneiras completamente diferentes. Entre as duas decisões, a 14ª Emenda permaneceu a mesma, mas haviam mudado a sociedade norte-americana e a composição da Suprema Corte. Por indicação do presidente Lyndon B. Johnson, Thurgood Marshall se tornaria, em 1967, o primeiro juiz afro-americano da Suprema Corte dos Estados Unidos.

A reação a *Brown v. Board of Education* envolveu violência e subterfúgios legais. Invocando os "direitos dos estados", o governador do Arkansas, Orval Faubus, afirmou que a defesa da segregação nas escolas fazia parte da luta mais ampla para resguardar os direitos dos cidadãos do seu estado diante de um governo federal autocrata. Em 1957, o presidente Dwight Eisenhower enviou a Guarda Nacional para garantir a segurança de nove alunos afro-americanos matriculados na Little Rock Central High School, os chamados "Nove de Little Rock". Faubus, então, fechou as quatro escolas públicas secundárias da cidade por um ano, afetando quase 4 mil alunos. Já a Virgínia ofereceu vales-educação para crianças brancas frequentarem escolas privadas, que continuavam segregadas, prática que se estendeu até a Lei dos Direitos Civis, de 1964.

100 ESTADOS UNIDOS NO SÉCULO XX

A NAACP voltou suas atenções, então, para os transportes públicos. Em dezembro de 1955, Rosa Parks, também uma de suas militantes, recusou-se a se sentar na parte reservada aos afro-americanos em um ônibus de Montgomery, Alabama. Sua esperada prisão deu início a um boicote ao sistema de ônibus da cidade. Em *Browder v. Gayle*, de novembro de 1956, a Suprema Corte dos Estados Unidos decidiria que a segregação nos transportes públicos também era inconstitucional.

Durante o boicote, projetou-se a liderança do pastor Martin Luther King Jr., da Conferência das Lideranças Cristãs do Sul (SCLC, na sigla em inglês). Admirador de Mahatma Gandhi, profundamente influenciado pela tradição profética bíblica e pela Igreja negra norte-americana, King defendia uma cruzada moral para minar as bases da segregação. Sua mensagem foi ouvida. Em junho de 1960, quatro alunos afro-americanos da Universidade Estadual Técnica e Agrícola da Carolina do Norte se sentaram na lanchonete da loja de departamentos da F. W. Woolworth Company, em Greensboro, e se recusaram a se retirar enquanto não fossem atendidos. Como a gerência da lanchonete não chamou a polícia, eles continuaram sentados. Nos dias seguintes, mais estudantes militantes dos direitos civis, inclusive brancos, foram ao local para protestar dessa forma pacífica. Diante das perdas financeiras e da repercussão negativa para sua imagem, a loja reviu sua política de segregação após seis meses. Os protestos desse tipo, organizados pela SCLC e pelo Congresso para Igualdade Racial (Core, na sigla em inglês), espalharam-se pelo Sul.

No início dos anos 1960, as atenções de organizações de direitos civis se concentraram em leis que tornassem ilegal a segregação em estabelecimentos privados e a discriminação nas relações de trabalho, assim como assegurassem o direito de voto. O presidente democrata John F. Kennedy, às voltas com as divisões de seu próprio partido, pouco avançava na condução política da questão; o Congresso, com suas próprias divisões, era moroso no processo legislativo. Os protestos se multiplicaram. Em 3 de maio de 1963, manifestantes afro-americanos da SCLC foram atacados por cães e policiais em Birmingham, Alabama. Dias depois, na mesma cidade, quatro crianças afro-americanas foram assassinadas. Em junho, Medgar Evers, da NAACP, foi executado em frente à sua casa em Jackson, Mississippi, estado que já havia presenciado, em 1955, o assassinato de Emmett Till, rapaz afro-americano de 14 anos acusado de "importunar uma moça branca".

A violência de segregacionistas contra afro-americanos nos estados do Sul sempre existiu, mas a popularização da televisão, no pós-Segunda Guerra Mundial, fez com que ela penetrasse em lares de todo o país, tornando suas transmissões tema de conversas durante a mesa do jantar e contribuindo para minar as bases de sustentação do Jim Crow. Na Marcha de Selma, em março de 1965, organizada pelo Comitê de Organização Não Violenta Estudantil (SNCC, na sigla em inglês) e pela SCLC em defesa do direito de voto, a rede de TV ABC interromperia o filme *O julgamento de Nuremberg* para mostrar aos telespectadores policiais brancos do Alabama golpeando manifestantes afro-americanos. A mensagem não poderia ser mais explícita.

Diante do impasse político e da violência crescente, organizações como NAACP, SCLC, Core, SNCC e a Liga Urbana Nacional (NUL, na sigla em inglês) realizaram, em 28 de agosto de 1963, a Marcha sobre Washington por Trabalho e Liberdade. Cerca de 250 mil pessoas (50 mil brancas) se reuniram nas escadarias do Lincoln Memorial para ouvir Marian Anderson – que havia cantado ali mesmo, em 1939 – e o discurso "Eu tenho um sonho", no qual Martin Luther King Jr. expressava sua crença no profetismo bíblico, no excepcionalismo dos Estados Unidos e na integração dos afro-americanos à comunidade nacional norte-americana:

> Quando os arquitetos da nossa República escreveram as magníficas palavras da Constituição e da Declaração de Independência, assinaram uma nota promissória da qual todos os Americanos são herdeiros. Essa nota era a promessa de que todos os homens, Negros e Brancos, teriam garantidos os direitos inalienáveis à vida, à liberdade e à busca da felicidade. [...]
>
> Eu tenho um sonho de que um dia esta nação se levantará e viverá o verdadeiro significado do seu credo: consideramos essas verdades como autoevidentes, que todos os homens são criados iguais.
>
> Eu tenho um sonho de que um dia, nas colinas avermelhadas da Geórgia, os filhos dos ex-escravos e os filhos dos ex-proprietários de escravos poderão se sentar juntos à mesa da fraternidade.

Três meses depois, John F. Kennedy seria assassinado e caberia a Lyndon B. Johnson, originário de um estado segregacionista, o Texas, con-

102 ESTADOS UNIDOS NO SÉCULO XX

duzir o processo de aprovação da Lei dos Direitos Civis, em 1964, e da Lei do Direito de Voto, em 1965.

A Lei dos Direitos Civis, que tornava ilegal a discriminação baseada em raça, cor, religião, sexo ou origem nacional nas relações de trabalho, em teatros, restaurantes, hotéis, piscinas, bibliotecas e escolas, teve sua constitucionalidade contestada pelo dono de um motel de Geórgia, Atlanta. Em *Heart of Atlanta Motel v. United States*, de outubro de 1964, a Suprema Corte dos Estados Unidos decidiu pela constitucionalidade da lei com base na "cláusula de comércio", dado que os hóspedes do motel vinham de diversos estados, sendo o negócio, portanto, passível de regulamentação pela União.

A Lei do Direito de Voto exigiria mais um ano de luta e derramamento de sangue.

Em 1964, o programa Verão da Liberdade, organizado por SNCC, Core, NAACP e SCLC, reuniu militantes afro-americanos do Sul e brancos do Norte para uma campanha de alistamento eleitoral de afro-americanos no Mississippi. Em Filadélfia, Mississippi, um rapaz negro do próprio estado, James Chaney, e dois rapazes brancos de Nova York, Michael Schwerner e Andrew Goodman, foram assassinados por membros da KKK. O dia 7 de março do ano seguinte, 1965, ficaria conhecido como Domingo Sangrento. Foi quando a primeira das Marchas de Selma acabou sendo reprimida violentamente pela polícia local.

Literatura afro-americana dos anos 1960

No campo da literatura, a conjuntura dos anos 1960 contribuiu para uma reflexão acerca da experiência histórica afro-americana, que tomou a forma tanto de romances quanto de autobiografias. *Terra estranha* (1962), de James Baldwin, *Eu sei por que o pássaro canta na gaiola* (1969), de Maya Angelou, e *O olho mais azul* (1970), de Toni Morrison, fariam enorme sucesso, e se tornariam clássicos da literatura *do deslocamento e da busca constante de um lugar no mundo.*

Em 6 de agosto de 1965, o Congresso finalmente votou a Lei do Direito de Voto, tornando ilegais os "testes de alfabetização" e criando examinadores federais para supervisionar o registro eleitoral. Antes da Lei, cerca de 23% dos afro-americanos com idade legal votavam; em 1969, eram 61%.

A luta pelos direitos civis tinha por base uma aposta, abraçada por gerações de afro-americanos, desde a fundação da NAACP, em 1909, ao sonho de Martin Luther King Jr., de 1963, de integração com os brancos. No dia 4 de abril de 1968, em Memphis, Tennessee (não por acaso, estado em que nasceu a KKK), a aposta e o sonho foram golpeados: um tiro disparado pelo segregacionista James Earl Ray matou King, então com 39 anos. Seguiu-se o Levante da Semana Santa, cujo resultado foram 43 mortes em 50 cidades.

O Levante da Semana Santa não foi o primeiro conflito racial de grandes proporções da década de 1960. Em agosto de 1965, Watts, bairro de Los Angeles, já havia sido palco de confrontos entre afro-americanos e forças policiais, com 34 mortes. Dois anos depois, no chamado Verão Quente de 1967, Detroit e outras dezenas de cidades testemunharam cerca de 80 mortes.

Desde a Grande Migração, durante a Grande Guerra de 1914-1918, afro-americanos passaram a viver em Detroit, Michigan. Embora não houvesse no estado segregação racial institucionalizada, seus moradores não os receberam de braços abertos, como evidencia esta placa com os dizeres "Queremos inquilinos brancos em nossa comunidade branca", de 1942, em um bairro branco. Conflitos em torno de investimentos públicos em moradia, preços dos aluguéis e serviços públicos foram estopins para o Verão Quente de 1967, em Detroit.

A Comissão Kerner, criada pelo governo Johnson para investigar as causas do Verão Quente, não deixou dúvidas: "O que os americanos brancos nunca entenderam completamente – mas o negro não pode esquecer – é que a sociedade branca está profundamente envolvida no gueto. As instituições brancas o criaram, as instituições brancas o mantêm e a sociedade branca o tolera".

Para muitos afro-americanos, o sonho de King era apenas isso, um sonho. A segregação racial institucionalizada podia ter acabado, mas boa parte dos afro-americanos havia passado a viver concentrada em guetos urbanos, a nova face do véu. No início do século xx, cerca de 90% dos afro-americanos viviam no Sul, mas entre 1910 e 1930 quase 1,2 milhão migraram para as cidades do Meio-Oeste e Costa Leste em busca de melhores empregos e para escapar do Jim Crow; entre 1940 e 1960, foram outros 3 milhões. À medida que a classe média branca se mudava para os subúrbios, os centros urbanos foram se deteriorando, inclusive em razão de obras viárias para ligá-los às regiões suburbanas, e sendo ocupados por afro-americanos.

Como seria previsível, as ruas tradicionais das cidades, com cruzamentos, pedestres e comércio, revelaram-se incompatíveis com o automóvel, que precisa circular sem obstáculos. Entre os anos 1920 e 1950, Robert Moses, o arquiteto da moderna Nova York, nela construiu 35 vias expressas e 12 pontes, exigindo a demolição de amplas áreas residenciais e a degradação de outras (a comparação com o bairro do Rio Comprido, no Rio de Janeiro, submerso pelo Elevado Paulo de Frontin, é inevitável). Como muitas obras de Robert Moses, a Cross Bronx Expressway exigiu a demolição de quarteirões inteiros do sul do Bronx, com seus prédios, lojas, praças e templos, contribuindo para a deterioração urbana da região.

Como resultado, 25% dos não brancos das grandes cidades viviam em residências precárias contra 8% dos brancos, ainda que pagassem entre 8% e 16% a mais de aluguel. Em Detroit, 40% da renda das famílias não brancas destinava-se aos aluguéis, contra 21% das brancas. As escolas públicas das cidades também eram piores do que as dos subúrbios. Enquanto estes ganhavam shopping centers e moradores de média e alta renda, com consequente aumento de arrecadação tributária, a economia declinante dos centros urbanos resultava em menos verbas para educação. Entre 1961 e 1965, o sistema público de ensino de Detroit ganhou 31 mil alunos afro-americanos e perdeu 23 mil brancos, que se mudaram para os subúrbios. Em suas escolas, faltavam livros, mas sobravam alunos. Em 1964, 40% das escolas públicas de crianças afro-americanas tinham mais de 35 alunos por sala, contra 12% das escolas públicas de crianças brancas.

Em termos de políticas públicas, portanto, havia um contraste entre os investimentos realizados no pós-Segunda Guerra por governos de todos os níveis da federação para a classe média branca e para os afro-americanos. De um lado, investimentos nos complexos industrial-militar e aeroespacial, gerando empregos de alta remuneração, subsídios proporcionados pela Administração Federal de Habitação e pela Lei dos Veteranos, e obras públicas financiadas pela Lei de Ajuda Federal à Autoestrada para a suburbanização. A Lei dos Veteranos, ademais, financiava o estudo universitário, transformando filhos da classe trabalhadora branca em profissionais qualificados. De outro, investimentos públicos escassos em projetos habitacionais, escolas de má qualidade, violência policial e empregos precários. A pobreza de que falara Michael Harrington em *A outra América*, de 1962, tinha cor: em 1966, 40% dos não brancos eram pobres, contra 12% dos brancos.

A conjuntura conflitiva dos anos 1960 resultou não apenas na explosão de violência racial, mas também no fortalecimento de outro tipo de militância afro-americana, tão antiga quanto a tradição integracionista que teve em Martin Luther King Jr. sua maior expressão. Ela variava desde a defesa da autonomia dos afro-americanos em suas instituições até a total separação entre brancos e negros, passando pela eleição de candidatos negros a cargos eletivos.

No início do século XX, enquanto Du Bois e a NAACP defendiam o combate à segregação e a integração entre brancos e negros, Booker T. Washington propunha que negros formassem comunidades autossuficientes, com escolas e universidades, gerando uma classe média profissional e seus próprios empreendedores. O jamaicano Marcus Garvey, da Associação Universal para o Progresso Negro, com forte base em Nova York na década de 1920, tornou-se uma das principais lideranças a pregar a separação entre brancos e negros e a centralidade da África para estes. Na década de 1930, a Irmandade Muçulmana defendia o nacionalismo e o separatismo negros. Na década de 1960, Malcolm X defendeu a renovação do orgulho da herança africana, um forte trabalho comunitário com educação de jovens e a autodefesa contra a repressão policial ou ataques de brancos. Rompido com a Nação do Islã, da qual havia sido um dos líderes, Malcom X criou a Organização da Unidade Afro-americana, defendeu o alistamento eleitoral de afro-americanos e acabou assassinado por militantes da própria Nação. Ainda assim, seu legado acabaria por inspirar novas lideranças e movimentos, como Stokely Carmichael e o movimento Black is Beautiful, cantado por James Brown em "Say it loud, I'm black and I'm proud" (Diga em voz alta, sou negro e sou orgulhoso), e o Partido dos Panteras Negras. Fundado em Oakland, Califórnia, em 1966, o Partido defendia a autoproteção dos afro-americanos e a realização de ações comunitárias de educação e saúde. O próprio W. E. B. Du Bois já se tornara tão desencantado com as perspectivas de integração dos afro-americanos à narrativa nacional norte-americana e ao mundo dos direitos que, em 1961, foi viver em Gana, onde morreu em 27 de agosto de 1963, um dia antes da Marcha de Washington.

Festival Cultural do Harlem, 1969

Indivíduos e nações escolhem aquilo que vão lembrar e aquilo que vão esquecer. Na memória social dos Estados Unidos, o ano de 1969 será para sempre marcado pela chegada do homem à Lua, celebração do excepcionalismo e da capacidade norte-americana de superar qualquer fronteira, e pelo Festival de Woodstock, celebração da contracultura. Já o Festival Cultural do Harlem, celebração da música e da cultura afro-americanas, realizado sob a segurança dos Panteras Negras e que reuniu cerca de 300 mil pessoas para ouvir, dentre outros, Stevie Wonder, Mahalia Jackson, B. B. King e Nina Simone, foi por muito tempo praticamente esquecido. Assim como Du Bois, Nina Simone morreu em terra estrangeira. Admiradora de Malcolm X, mas profundamente abalada pela morte de Luther King, a quem fez uma homenagem no Festival, Simone recusou-se a pagar impostos em protesto contra a Guerra do Vietná e passou o resto da sua vida fora dos Estados Unidos, morrendo na França em 2003.

Quase dois séculos após a Declaração de Independência e a elaboração da Constituição, e um século após a Emancipação e as Emendas da Reconstrução, a incorporação formal dos afro-americanos ao mundo dos direitos não se fez acompanhar por sua incorporação à comunidade nacional norte-americana, com reflexos sobre suas condições materiais de vida, a destinação de políticas públicas e o tratamento que recebiam de forças policiais. Orval Faubus, o governador do Arkansas durante o episódio envolvendo os Nove de Little Rock, justificou a luta pela manutenção da segregação nas escolas como uma defesa dos direitos do povo do seu estado, evidenciando não considerar os afro-americanos como parte de tal povo. Ele não falava apenas por si, mas por milhões de norte-americanos brancos. Por isso, a conclusão pessimista do Relatório Kerner: "Nossa nação se move em direção a duas sociedades, uma negra, uma branca – separadas e desiguais". A referência a *Plessy v. Ferguson*, a um só tempo irônica e amarga, era evidente.

OS MOVIMENTOS SOCIAIS DA DÉCADA DE 1960 E O REALINHAMENTO PARTIDÁRIO

Em 1966, o líder do Partido Republicano na Câmara dos Deputados, Gerald Ford, captou bem o sentimento de muitos de seus conterrâneos: "Por quanto tempo vamos abdicar da lei e da ordem – a espinha dorsal de nossa civilização – em favor de uma teoria social fraca, que diz que o homem que joga um tijolo pela sua janela ou joga uma bomba incendiária em seu carro é o produto incompreendido e desprivilegiado de um lar desfeito?" Para Ford, a sociologia urbana, particularmente aquela desenvolvida na Universidade de Chicago, não passava de teoria fraca. Richard Nixon foi no mesmo caminho: Lei e Ordem foram elementos fundamentais de sua vitoriosa campanha eleitoral à presidência dos Estados Unidos, em 1968. Em discurso para pedir apoio à sua política para o Vietnã, no ano seguinte, ele se dirigiu à "maioria silenciosa" que julgava ameaçada pela balbúrdia que entendia serem os movimentos sociais da década de 1960. Trinta anos depois, em *Uma nação, duas culturas*, Gertrude Himmelfarb, historiadora da Era Vitoriana, recuperou as reflexões de Adam Smith sobre dois sistemas de moralidade, o estrito ou austero e o solto ou liberal, para explicar a distância entre duas culturas que entendia terem sido construídas nos anos 1960: a sua própria, austera, e a liberal dos movimentos feminista, de homossexuais, jovens e contra a Guerra do Vietnã.

O movimento feminista questionou o papel das mulheres como cuidadoras de casa, filhos e marido, de quem dependiam financeiramente e a quem deviam satisfazer sexualmente. O Concurso Miss América 1969 foi marcado por protestos de feministas organizados pelas Mulheres Radicais de Nova York; em uma lata chamada "Lata de Lixo da Liberdade", elas jogaram diversos itens associados ao que chamaram de "objetificação das mulheres", como sutiãs, estojos de maquiagem e cílios postiços. Essa manifestação se tornaria um marco do movimento feminista. A autora de *A mística feminina*, de 1961, Betty Friedan foi uma das fundadoras da Organização Nacional de Mulheres (NOW, na sigla em inglês) que, em sua conferência de 1967, defendeu uma Carta de Direitos das Mulheres, que incluía financiamento público de creches e o fim das leis contra a interrupção voluntária da gravidez vigentes em diversos estados. Em *Roe v. Wade*, de 1973, a Suprema Corte dos Estados Unidos decidiu que tais leis eram inconstitucionais.

Como os afro-americanos, as feministas se subdividiram em diversas organizações e orientações políticas. O *feminismo radical*, inspirado pelo movimento Black Power, pensou o lugar da mulher na sociedade patriarcal como um espelho do lugar do afro-americano na sociedade branca, propondo um ataque frontal a todas as manifestações do poder masculino. O *feminismo liberal*, por seu lado, inspirando-se na luta pelos direitos civis, defendeu a eleição de mulheres para o Congresso e a aprovação de leis em defesa dos direitos das mulheres.

Em uma sociedade patriarcal e marcada por forte tradição cristã, os homossexuais eram obrigados a vivenciar suas sexualidades e afetos na clandestinidade. A Califórnia foi palco das primeiras organizações em defesa de seus direitos: a Sociedade Mattachine, de 1950, e as Filhas de Bilitis, de 1955. Mas o grande marco do movimento em defesa dos direitos dos homossexuais ocorreu em 28 de junho de 1969, em Nova York. O bar gay Stonewall foi palco da resistência de seus frequentadores a violentas batidas policiais, dando origem à Revolta de Stonewall. A partir de então, gays ganharam mais visibilidade na mídia, formaram diversas organizações, como a Força-Tarefa Nacional Gay, de 1973, e passaram a realizar grandes manifestações públicas, como as Paradas do Orgulho Gay, sempre celebrando Stonewall.

> ### Harvey Milk (1930-1978)
>
> Nascido em Nova York, Harvey Milk foi o primeiro ativista gay eleito para cargo público na Califórnia, equivalente a vereador, em 1977. Veterano da Guerra da Coreia, ele foi dispensado da Marinha por ter tido relações sexuais com homens. Em São Francisco, para onde se mudou em 1972, tornou-se líder da comunidade gay local. Em 1978, foi assassinado dentro da Câmara dos Vereadores, ao lado do prefeito da cidade, George Moscone. Depois de muita luta do movimento gay, Milk recebeu postumamente a Medalha Presidencial da Liberdade, em 2009, e, em 2021, a Marinha batizou um de seus navios com seu nome: o USNS Harvey Milk.

Aos movimentos contestatórios de mulheres e homossexuais, juntaram-se os jovens de classe média nascidos no *baby boom* do pós-Segunda Guerra, conhecidos como *hippies*. No lugar de Mustangs, diplomas universitários, casamentos monogâmicos e casas de subúrbio que seus pais tinham a lhes oferecer, eles afirmaram valores como liberdade sexual, abertura a novas consciências pelas drogas, a vida comunal, o encontro com religiões orientais e uma nova estética, marcada por barbas e cabelos longos e roupas coloridas. Ao Black Power ofereceram o Flower Power (Poder das Flores); à Guerra do Vietnã, o *slogan* Paz e Amor. Em agosto de 1969, o Festival de Woodstock se tornou uma celebração da contracultura, reunindo nomes como Janis Joplin, Bob Dylan, Jimi Hendrix e Joan Baez, que fundiam rock, jazz e country com o tempero de Beatles e Rolling Stones. No cinema, ocorreu movimento paralelo. Em contraponto a *Mary Poppins* (1964) e *A noviça rebelde* (1965), últimos suspiros da Era dos Musicais de Hollywood, *A primeira noite de um homem* (1967), *Sem destino* (1969) e *Perdidos na noite* (1969), clássicos da chamada Nova Hollywood, tinham protagonistas desajustados, desviantes e/ou questionadores.

Os amish

A contracultura não foi o primeiro movimento a propor uma vida alternativa, comunitária, distante dos valores e do consumo associados a uma sociedade materialista. No século XIX, comunidades religiosas – como Oneida, em Nova York, fundada em 1848 – e/ou baseadas em correntes dos socialismos conhecidas como "utópicas" – como as de Charles Fourier e Robert Owen – salpicaram o território norte-americano, principalmente nos estados do Meio-Oeste e da Costa Leste.

A mais conhecida e longeva comunidade é a dos amish, seita anabatista que conta com mais de 250 mil adeptos em dezenas de estados norte-americanos, mas principalmente na Pensilvânia. (Os amish ganhariam projeção graças ao filme *A testemunha*, grande sucesso de 1985, com o ator Harrison Ford.)

A contracultura não foi a única resposta dos jovens a uma sociedade que não consideravam aceitável. Em 1962, foi fundado na Universidade de Michigan, em Ann Arbor, o SDS (Students for a Democratic Society – Estudantes por uma Sociedade Democrática), um dos principais grupos da chamada Nova Esquerda, que se opunha à Guerra do Vietnã, apoiava a luta dos afro-americanos pelos direitos civis e defendia a construção de uma democracia direta e participativa nos Estados Unidos. O Weather

Underground, sua dissidência, chegou a cometer atos violentos no início dos anos 1970, com o objetivo de protestar contra a Guerra do Vietnã e o racismo. Em 1964-1965, na Universidade da Califórnia, em Berkeley, o Movimento pela Liberdade de Expressão mobilizou milhares de estudantes em defesa da liberdade acadêmica, em apoio à luta pelos direitos civis e, mais uma vez, contra a Guerra do Vietnã. No final dos anos 1960, a oposição dos jovens à Guerra do Vietnã levou a manifestações de massa e ao crescimento das deserções, que passaram de 47 mil, em 1967, para 90 mil, em 1971. Em 4 de maio de 1970, a Guarda Nacional de Ohio matou quatro alunos e feriu outros nove que se manifestavam contra a Guerra no *campus* da Universidade Estadual de Kent.

Logo após se sagrar campeão mundial de boxe, em 1964, Cassius Clay entrou para a Nação do Islã, assumindo o nome de Muhammad Ali. Três anos depois, recusou-se a participar da Guerra do Vietnã, afirmando não ter "nenhum problema com os vietcongues". Perdeu o título, mas tornou-se uma grande liderança afro-americana. O próprio Martin Luther King Jr., em 1967, foi uma voz contra a guerra. Sempre procurando coalizões com outros segmentos da sociedade, Martin Luther King Jr. e o rabino Abraham Joshua Heschel, parceiros na luta pelos direitos civis, também se uniram na oposição à Guerra do Vietnã; em 6 de janeiro de 1968, poucos meses antes do assassinato de King, eles estiveram lado a lado em uma manifestação.

Também um novo ativismo nativoamericano, o Red Power (Poder Vermelho), organizou-se em fins dos anos 1960, culminando, em 20 de novembro de 1969, na invasão da antiga penitenciária federal da Alcatraz, que, entre 1872 e 1873, servira de prisão de Modocs, uma nação indígena em guerra contra os Estados Unidos. A ocupação durou até junho de 1971, e contribuiu para a aprovação da Lei de Autodeterminação, Educação e Assistência Indígena, que revertia a política de assimilação implementada pelo governo Truman.

Para Ford, Nixon e Himmelfarb, assim como para dezenas de milhões de norte-americanos, as bandeiras das feministas, dos homossexuais, dos jovens e do Poder Vermelho representavam uma afronta à sua ideia de nação. Diante dos movimentos contestatórios, teve início, então, uma forte reação política e organizacional com a justificativa de restaurar a moralidade austera, centrada na família e na religião, ocasionando uma reestruturação das coalizões políticas que sustentavam os Partidos Republicano e Democrata. As alas republicanas mais liberais, lideradas pelo governador de Nova York, Nelson Rockefeller, entraram em declínio, dando lugar ao

112 ESTADOS UNIDOS NO SÉCULO XX

protagonismo de políticos mais conservadores, como o próprio Nixon e Ronald Reagan, governador da Califórnia entre 1967 e 1975. Como presidente, Nixon deu início à bem-sucedida "Estratégia Sulista", com o objetivo de capturar o voto branco do Sul, até então majoritariamente democrata. O Partido Republicano se tornou, assim, a representação política não só do livre mercado, papel assumido nos anos 1920, mas, também, do conservadorismo branco e cristão.

Novas lideranças da sociedade civil também surgiram, vocalizando valores conservadores. A católica Phyllis Schlafly se tornou uma das vozes femininas antifeministas, defendendo o papel tradicional da mulher como mãe e dona de casa. Em 1972, ela foi a principal liderança contrária à Emenda de Igualdade de Direitos entre homens e mulheres (que acabou não sendo ratificada pelos estados). Escolas, universidades e meios de comunicação, acusados de "correias de transmissão de valores liberais", e, não menos importante, a Suprema Corte dos Estados Unidos, por conta da legalização da interrupção voluntária da gravidez e de decisões contrárias a orações em escolas públicas, tornaram-se os principais alvos dos conservadores, para os quais era preciso realizar uma "cruzada moral" contra o sexo fora do casamento, a pornografia, a homossexualidade e o aborto, e reconquistar as instituições de ensino e as instituições estatais para o campo conservador. Tal era o objetivo da Maioria Moral (referência à "maioria silenciosa", de Nixon) do televangelista Jerry Falwell, que organizou e liderou o campo cristão conservador, incluindo dos fundamentalistas aos mais moderados, na coalizão republicana que elegeria Ronald Reagan, em 1980.

O fundamentalismo cristão e o Julgamento de Scopes, 1925

O nascimento do fundamentalismo cristão nos Estados Unidos é associado ao livro *Os fundamentos: um testemunho à verdade*, de 1910. Seus adversários: o Evangelho Social, que pregava a participação dos cristãos nos movimentos de reforma social da Era Progressista, e o darwinismo. Em 1925, o fundamentalismo cristão ganhou as manchetes de jornais quando o legislativo do Tennessee aprovou uma lei proibindo o ensino de teorias que contradissessem a narrativa bíblica da Criação nas escolas públicas. John Scopes, professor de Biologia, chegou a ser preso e condenado por ensinar a seus alunos a Teoria da Evolução de Darwin, que acabou excluída de diversos livros escolares até os anos 1960.

O VÉU E O SONHO *113*

O conservadorismo religioso, social e cultural acabaria por transformar o Partido Republicano em um instrumento da *guerra cultural* contra os valores soltos ou liberais de que falava Himmelfarb. A década de 1990 seria palco de um dos momentos de maior tensão dessa disputa. Por conta de um escândalo sexual, o democrata Bill Clinton se tornou o segundo presidente dos Estados Unidos a sofrer um *impeachment* da Câmara dos Deputados, em 1998, sendo posteriormente inocentado pelo Senado (o primeiro havia sido Andrew Johnson, em 1868). Kenneth Starr, inicialmente indicado para investigar condutas ilegais do presidente e sua esposa em investimentos imobiliários em Arkansas (Escândalo de Whitewater), logo passou a investigar aspectos legais da conduta de Clinton em seu caso com uma estagiária. Detalhes da vida extramatrimonial do presidente, assim como seus hábitos sexuais, acabaram sendo publicamente expostos pela mídia conservadora, e o casal Clinton foi retratado como um símbolo da "desordem moral" herdeira dos anos 1960.

A ênfase republicana em avaliar a vida privada dos democratas contrastava com a atitude dos republicanos diante de escândalos políticos de seus próprios presidentes. Em 17 de junho de 1972, a polícia prendeu cinco homens que invadiram o Comitê Nacional Democrata no Edifício Watergate, em Washington. Descobriu-se que quatro haviam sido agentes da CIA. O quinto era chefe de segurança do Comitê para Reeleger o Presidente, no caso, Richard Nixon. A investigação do Caso Watergate, como ficou conhecido, tornou-se célebre ao revelar inúmeras ilegalidades e mentiras cometidas por Nixon e alguns de seus assessores, e obrigou Nixon a renunciar à presidência em 8 de agosto de 1974 para evitar um processo de *impeachment*. Um mês depois, o novo presidente republicano, Gerald Ford – o mesmo que, em 1966, como líder do Partido Republicano na Câmara dos Deputados, havia feito um discurso defendendo o princípio da Lei e da Ordem –, concederia "perdão presidencial" a Nixon por todos os crimes que ele cometeu ou poderia ter cometido.

Nos anos 1980, a administração Ronald Reagan se envolveria em diversos casos de corrupção. Entre 1980 e 1988, mais de 200 membros do governo estiveram sob investigação – em casos envolvendo desde especulação financeira até o Escândalo Irã-Contras –, dos quais cerca de 20 foram condenados. Ainda assim, Reagan, também conhecido como "Presidente Teflon" (em referência ao revestimento que impede a aderência de resíduos a panelas), pois nenhum escândalo parecia atingi-lo,

114 ESTADOS UNIDOS NO SÉCULO XX

tornou-se o mais importante e admirado presidente republicano do século XX. Como ator hollywoodiano entre os anos 1930 e 1960, Reagan notabilizou-se por papéis em comédias românticas, *thrillers* e faroestes. Como presidente, nos anos 1980, ele se tornaria, também, personagem central de outro aspecto da *guerra cultural* que então começou a ser travada nos Estados Unidos.

Ronald Reagan

Nascido em 1911, Reagan foi ator de Hollywood, presidente da Screen Actors Guild, entre 1947 e 1952, quando foi considerado "testemunha amigável" pelo Comitê de Atividades Antiamericanas da Câmara, e novamente de 1959 a 1960, e governador da Califórnia entre 1967 e 1975. Apoiador do New Deal nos anos 1930, Reagan foi migrando para posições mais conservadoras nas décadas seguintes até fazer do anticomunismo sua grande bandeira política. Se Roosevelt foi o construtor da grande coalizão entre Estado, corporações e sindicatos, articulando investimentos públicos e privados e proporcionando altos salários, Reagan foi seu oposto: enfatizou o enxugamento do Estado, o enfraquecimento dos sindicatos e o protagonismo do investimento privado.

Como reação à violência urbana do crime organizado nos anos 1920, do qual Al Capone fora o maior símbolo, o Congresso havia aprovado, em 1934 e 1938, as primeiras leis federais de controle de armas, cuja constitucionalidade foi sustentada pela Suprema Corte em *Estados Unidos v. Miller*, de 1939, com base na Segunda Emenda à Constituição. Como diversas passagens do texto constitucional, a Segunda Emenda, parte da Carta dos Direitos, tem uma redação pouco clara. Afirma ela: "Uma milícia bem regulada, sendo necessária para a segurança de um Estado livre, o direito do povo de manter e portar armas não deve ser constrangido".

A Corte entendeu, então, que a Segunda Emenda se referia ao direito de os cidadãos portarem armas no contexto de milícias organizadas, comuns à época em que a Constituição foi escrita, e não como um direito individual irrestrito. A Associação Nacional do Rifle (NRA, na sigla em inglês), criada em 1891 como instituição de caça e tiro esportivo, apoiou as legislações de 1934 e 1938. No mesmo espírito, em fins dos anos 1960, Reagan, então governador da Califórnia, assinou a Lei Mulford, que proibia o porte de armas carregadas sem autorização prévia. Sua preocupação, à época, era a militância do Partido dos Panteras Negras, que fazia a autoproteção armada em bairros afro-americanos. Esses ativistas chegaram a entrar armados no Capitólio da Califórnia, em Sacramento, para protestar contra essa lei que entendiam violar a Segunda Emenda da Constituição.

Nos anos 1970, no entanto, sob a justificativa de autoproteção armada dos cidadãos contra a criminalidade, a NRA criou um *lobby* no Congresso para frear leis que visassem ao controle de armas, e candidatos republicanos passaram a contar com seu apoio para financiar suas candidaturas. Em 1980, pela primeira vez em sua história, a Associação apoiou um candidato à presidência: o próprio Ronald Reagan. Mesmo após o tiro que quase o matou, em 1982, Reagan afirmou que jamais desarmaria um norte-americano que quisesse proteger sua família. A partir de então, o Partido Republicano se tornou contrário a qualquer legislação que tivesse por objetivo regulamentar porte e posse de armas, mesmo após o Massacre de Columbine, em 20 de abril de 1999, que resultou em 15 mortos na Columbine High School e inaugurou a "era dos massacres" em escolas, igrejas, shoppings, estacionamentos e outros espaços públicos. Os democratas, pelo contrário, colocaram-se a favor de legislações que visassem à regulação de posse e porte de armas. Ao longo do tempo, manteriam essa tradição.

A Segunda Emenda no século XXI

A partir dos anos 1980, a questão das armas se tornou a tal ponto elemento da *guerra cultural* que, em 2008, um novo caso acerca da Segunda Emenda chegou à Suprema Corte dos Estados Unidos. Em 2008, em *District of Columbia v. Heller*, a Corte decidiu, por 5 votos a 4, que o direito de manter e portar armas não tinha relação com as milícias. Os 5 votos majoritários foram dados por juízes apontados por Ronald Reagan e George W. Bush. Antonin Scalia, o juiz que escreveu o voto da maioria, havia sido indicado 22 anos antes, em 1986, por Reagan. Entre os juízes minoritários, dois haviam sido indicados por presidentes republicanos, Gerald Ford e George W. Bush, e dois pelo democrata Bill Clinton.

As decisões da Suprema Corte envolvendo a Segunda Emenda são mais uma evidência da amplitude do poder atribuído aos juízes no sistema político norte-americano.

116 ESTADOS UNIDOS NO SÉCULO XX

A defesa das armas tinha um componente mais simbólico do que de proteção pessoal. Como reação ao ataque ao patriarcado realizado por feministas e homossexuais, homens brancos passaram a valorizar as armas como forma de afirmação de uma identidade masculina viril – como os mocinhos vividos por Ronald Reagan nos faroestes dos anos 1950 –, que tinha origem na narrativa nacional da fronteira de Theodore Roosevelt. Lojas de armas e clubes de tiro se tornaram, cada vez mais, lugares de socialização masculina branca. Em 1990, 52% dos homens brancos norte-americanos tinham armas, contra 9,3% das mulheres e 16,5% dos afro-americanos.

O VÉU E O SONHO

Manhã de domingo, 3 de março de 1991. Rodney King dirigia em alta velocidade por uma autoestrada de Los Angeles quando uma viatura policial ordenou que parasse no acostamento. Em liberdade condicional, ele não parou. Seguiu-se uma perseguição envolvendo vários carros de polícia e um helicóptero, finda a qual ele foi violentamente espancado.

Os policiais que o espancaram eram brancos. King, afro-americano.

Nem passou pela cabeça dos policiais que eles poderiam estar sendo filmados, pois, à época, não havia smartphones. Mas estavam, pelo morador de um edifício próximo. Um ano depois, um júri composto por 10 brancos, 1 hispânico e 1 asiático-americano os absolveu. A indignação resultante tomou a forma de revolta generalizada de afro-americanos. Vinte e sete anos depois dos conflitos raciais de Watts, Los Angeles voltaria a ser palco de uma explosão de violência, resultando em 63 mortos, mais de 2 mil feridos e centenas de lojas e prédios destruídos. Com um ingrediente novo: ataques a propriedades de imigrantes coreanos. King estava em condicional justamente por ter assaltado a loja de um deles.

As tensões entre coreanos e afro-americanos em Los Angeles eram desdobramento das mudanças demográficas ocorridas no país desde 1965, quando o Congresso aprovou uma nova Lei de Imigração abolindo as cotas criadas em 1924. Favorecidos pelo barateamento das passagens internacionais, cerca de 10 milhões de imigrantes legais e um número incerto de ilegais entraram nos Estados Unidos nas duas décadas seguintes. Em 1993, algo como 1,5 milhão de mexicanos viviam ilegalmente em Los Angeles. Na Costa Leste, eram 2 milhões os porto-riquenhos (cidadãos norte-americanos) e centenas de milhares os exilados cubanos e seus descendentes, principalmente na Flórida. Em fins do século XX, havia algo como 12 milhões de asiáticos e seus descendentes no país, inclusive os coreanos de Los Angeles, e 8 milhões de muçulmanos de diversas origens. No total, viviam nos Estados Unidos 31 milhões de estrangeiros, ou 11% da população do país.

O convívio entre tais grupos e entre estes e os afro-americanos, principalmente nas grandes cidades, nem sempre foi pacífico, como deixou claro o levante de 1992. Direções escolares e professores de um grupo étnico e alunos de outros, contratos de aluguel entre proprietários e inquilinos e contatos comerciais entre donos de lojas e fregueses de diferentes origens, assim como disputas por orçamentos públicos municipais limitados, deram lugar a encontros, mas também a tensões.

Amor, sublime amor (1961) e *Faça a coisa certa* (1989)

No Brasil, o título *Amor, sublime amor* do filme de Robert Wise e Jerome Robbins, baseado em peça da Broadway, enfatiza a história de amor entre os personagens Tony e Maria. O original, *West Side Story*, faz referência a bairros da classe trabalhadora de Nova York, onde gangues de porto-riquenhos e brancos se enfrentam pelo controle das ruas.

As mudanças demográficas e a pobreza das cidades norte-americanas no pós-Segunda Guerra fizeram com que muitos conflitos sociourbanos assumissem tintas étnico-raciais. No filme *Faça a coisa certa*, de Spike Lee, personagens afro-americanos, ítalo-americanos e porto-riquenhos alternam momentos de convivência e tensão, até a explosão de violência entre os grupos no final.

A incorporação das novas comunidades étnicas de origem latino-americana, africana e asiática às narrativas nacionais da *americanização* e do *pluralismo cultural* construídas em princípios do século XX tampouco se revelou fácil. Afinal, tais narrativas se voltavam para imigrantes europeus. Foi sugerida, então, a narrativa do *multiculturalismo*. Diversos estados, principalmente aqueles que receberam grandes contingentes de imigrantes, como Califórnia e Nova York, introduziram em seus currículos escolares conteúdos para ressaltar o valor positivo da diversidade. Nos anos 1950, havia apenas um seriado de TV "multirracial", *I love Lucy*, em que o protagonista masculino tinha origem cubana. Nos anos 1970, tornaram-se comuns tanto os seriados "multirraciais" como os protagonizados por negros, caso de *Os Jeffersons*; por mexicano-americanos, como *Viva Valdez*; e por coreano-americanos, em *All American Girls*, já na década de 1990. A partir dos anos 1970, também se tornaram comuns, tanto em nível estadual quanto federal, a escolha de meses do ano para celebrar a diversidade: fevereiro tornou-se o Mês da História Negra, abril o da Herança Árabe-Americana, maio o da Herança Pacífico-Asiática e o da Herança Judaico-Americana. Para voltar à metáfora de Kallen, se no *pluralismo cultural* o timbre de cada instrumento estava a serviço do som harmônico da sinfonia nacional, no *multiculturalismo* a ênfase recaía no solo executado por cada instrumento.

O início do século XX foi marcado por quatro narrativas nacionais brancas, todas elas desafiadas pelo "véu" da metáfora de Du Bois. Ao longo do século XX, novos véus a afastar os norte-americanos foram tecidos. Afro-americanos, feministas, homossexuais, evangélicos, supremacistas brancos, detentores de armas, a cultura austera e a liberal, os subúrbios e os guetos, os bairros étnicos e o acesso desigual à educação e à saúde forjaram afetos e lealdades comunitárias que, frequentemente, mantinham laços tênues com narrativas nacionais mais abrangentes, como a da *americanização*. Afro-americanos, em particular, continuavam a lutar para fazer valer seus direitos civis básicos, como evidenciam os acontecimentos envolvendo o espancamento de Rodney King. Diante do cenário de destruição e morte que seu caso havia involuntariamente ocasionado, King lembrou o sonho de integração de outro King, Martin Luther, e perguntou: "Podemos conviver em paz?"

O porrete
e a cidade na colina

THEODORE ROOSEVELT E MARK TWAIN

Mark Twain, conhecido por escrever clássicos da literatura como *As aventuras de Tom Sawyer* e *As aventuras de Huckleberry Finn*, era, também, exímio frasista. Ao ser indagado sobre o que pensava da notícia da sua morte, erroneamente publicada por alguns jornais, afirmou considerá-la "bastante exagerada". Não menos importante, em fins do século XIX, Twain se tornou a nêmesis de Theodore Roosevelt, o maior defensor da expansão imperial dos Estados Unidos.

Para anti-imperialistas, como Twain, a República norte-americana havia inaugurado a ideia do consentimento popular como base do poder legítimo e, por isso, os Estados Unidos *não* poderiam governar outros povos. Para imperialistas, como Theodore Roosevelt, a projeção do poder norte-americano sobre o globo era fundamental para assegurar áreas de investimentos e mercados consumidores para suas empresas, dado que países europeus já haviam partilhado a África, na Conferência de Berlim, em 1884, e boa parte da Oceania e Ásia, com a exceção da China.

Não que a atuação internacional dos Estados Unidos houvesse começado apenas então. Pelo contrário. Em luta contra a Inglaterra, o Congresso Continental estabelecera, em 1778, uma aliança com a França, a mais absolutista de todas as monarquias europeias, e, entre 1801 e 1815, a República lutara as Guerras Berberes contra Argélia, Tunísia, Marrocos e Trípoli, de modo a assegurar a seus navios mercantes a livre navegação pelo mar Mediterrâneo. Em 1812, também para assegurar direitos marítimos, lutara, mais uma vez, contra a Inglaterra, sua ex-metrópole. A livre navegação esteve na base, ainda, da primeira circum-navegação realizada pela Marinha dos Estados Unidos, entre 1838 e 1848, da Expedição Perry ao Japão, em 1853, e da política de Portas Abertas para a China, na virada do século XIX para o XX.

À época da polêmica entre Twain e Roosevelt, portanto, três elementos que marcariam a política externa norte-americana no século XX já estavam consolidados: o pragmatismo, a disposição em fazer guerras e a defesa do livre-comércio. Um quarto elemento, de natureza ideológica, remete a tempos ainda mais remotos, à própria colônia. Em 1630, o puritano John Winthrop teria afirmado ser a Colônia da Baía de Massachusetts uma "cidade na colina", uma "nova Jerusalém", para a qual os olhos do mundo se voltariam. Assim como a França justificaria seu império através da ideia de "missão civilizatória" e os ingleses por meio do "fardo do homem branco", a tradição do excepcionalismo norte-americano transferiu para os Estados Unidos o papel de "cidade na colina", assumindo, para o país, a missão de levar ao mundo a verdade revelada do cristianismo e as instituições republicanas. O próprio Destino Manifesto encerrava a ideia de que os Estados Unidos estavam fundando um "império da liberdade" nas Américas, em contraposição à tirania reinante no resto do mundo, que posteriormente deveria ser estendido a todo o globo.

O que não estava consolidado, mas se consolidou em 1898, foi a projeção do poder dos Estados Unidos para além do seu território continental. Nesse ano, o país anexou o Havaí e fez a Guerra Hispano-Americana, que resultou na ocupação das Filipinas, na anexação de Guam e Porto Rico e na transformação de Cuba em protetorado. No ano seguinte, os Estados Unidos também se estabeleceram em parte de Samoa, no Pacífico.

Alfred Thayer Mahan e o poder naval dos EUA

Os Estados Unidos têm uma posição geopolítica singular. A norte e sul, Canadá e México não o ameaçam; a leste e oeste, Atlântico e Pacífico o protegem. Em contrapartida, o país encontra-se afastado dos mercados consumidores e dos fornecedores de matérias-primas da Ásia, África e Europa, assim como de qualquer teatro de guerra que não envolva suas fronteiras terrestres imediatas. Diante de tal singularidade, e com os recursos técnicos de fins do século XIX, Alfred Thayer Mahan foi o grande formulador do poder naval norte-americano. Além de construir vigorosas marinhas mercante e de guerra, os Estados Unidos deveriam, segundo ele, concentrar forças navais em pontos estratégicos do Pacífico e do Atlântico, de modo a dissuadir ou combater qualquer ameaça à sua livre navegação. Ademais, tais pontos deveriam servir, também, para proteger o canal que seria construído na América Central para ligar o Pacífico ao Atlântico. Daí a importância estratégica de Havaí, Guam, Samoa e Filipinas, no Pacífico, e Porto Rico e Cuba, no Caribe. A base de Guantánamo, em Cuba, assumia lugar de relevo não apenas para proteger o canal, mas também a foz do rio Mississippi e, a partir dela, o interior dos Estados Unidos.

Foi em torno do destino das Filipinas que imperialistas e anti-imperialistas se bateram com vigor, pois a anexação do arquipélago como colônia encontrou forte oposição na opinião pública, no Congresso e, claro, entre os próprios filipinos. A resistência filipina custou quatro mil vidas norte-americanas e entre 50 mil e 200 mil filipinas, incluindo os mortos por fome e doenças.

Fruto do pragmatismo, da defesa do livre-comércio, da disposição de fazer guerras, da visão missionária dos Estados Unidos – mas também do fato de o país ter chegado atrasado à corrida imperial –, o império norte-americano teve traços singulares. Enquanto o imperialismo europeu tinha como fundamento o controle direto sobre territórios em outros continentes, o império norte-americano, com a exceção das Filipinas até a Segunda Guerra Mundial, não controlou diretamente territórios com o estatuto de colônias. Sem dispensar intervenções armadas ou ingerência interna em diferentes países, ele enfatizou a estruturação de uma ordem global centrada nos próprios Estados Unidos.

De um jeito ou de outro, Theodore Roosevelt triunfou sobre Mark Twain.

DE ROOSEVELT A ROOSEVELT

No início do século xx, Theodore Roosevelt exerceu com vigor sua ideia de imperialismo norte-americano na área imediatamente adjacente ao território dos Estados Unidos, a América Latina. Em 1902, para receber créditos devidos, a Alemanha realizou um bloqueio naval contra a Venezuela e, no ano seguinte, pela mesma razão, França e Itália ameaçaram invadir a República Dominicana. Em 1904, em seu Discurso do Estado da União, Theodore Roosevelt anunciou seu Corolário à Doutrina Monroe.

Enunciada em 1823, em meio ao processo de independência da América hispânica, a Doutrina Monroe afirmava ser qualquer iniciativa de potências europeias em oprimir ou controlar nações nas Américas um ato de hostilidade contra os Estados Unidos. Sem poder militar que garantisse seu cumprimento, por mais de meio século a Doutrina Monroe permaneceu restrita a um princípio geral de política externa. O Corolário, pelo contrário, foi anunciado por Theodore Roosevelt em um momento em que os Estados Unidos já reuniam recursos econômicos e militares para colocá-la em prática.

E colocaram.

Do Corolário Roosevelt à Doutrina Monroe

De modo a marcar sua diferença em relação à Europa imperialista, o Corolário começava por afirmar que os Estados Unidos não sentiam fome por terras em outros países, mas atribuía ao país, ainda que com mal disfarçado contragosto, o papel de polícia internacional:

"Qualquer país cujo povo se conduza bem pode contar com nossa cordial amizade. [...] Malfeitorias crônicas, ou a impotência que resulta num afrouxamento geral dos laços da sociedade civilizada, podem, na América como alhures, exigir finalmente a intervenção de uma nação civilizada e, no hemisfério ocidental, a adesão dos Estados Unidos à Doutrina Monroe para forçá-los, ainda que com relutância, em casos flagrantes de malfeitorias ou impotência, ao exercício de um poder de polícia internacional. [...] É um truísmo dizer-se que toda nação, na América ou em qualquer outro lugar, que deseja manter sua liberdade, precisa finalmente compreender que o direito à independência não se separa da responsabilidade de fazer bom uso dela".

Abria-se a temporada do *Big Stick*, ou seja, do Porrete. De então até 1994, o governo dos Estados Unidos interveio 41 vezes em países ao sul do Rio Grande, média de uma intervenção a cada 28 meses, fosse de forma direta, com forças militares próprias, fosse apoiando forças locais para realizar golpes de Estado. Nas primeiras décadas do século XX, as intervenções se concentraram na América Central e Caribe: Cuba, entre 1906 e 1909, e novamente entre 1917 e 1923; República Dominicana, entre 1916 e 1924; Haiti, entre 1915 e 1934; Nicarágua, em 1910, entre 1912 e 1925, e entre 1926 e 1933; Panamá, entre 1903 e 1914. Em geral, tais intervenções estavam associadas à defesa dos interesses de empresas norte-americanas, principalmente na área de produção de frutas tropicais.

O Panamá foi a grande exceção. A intervenção se deu devido à visão geopolítica de Alfred Thayer Mahan, que intencionava um canal ligando o Pacífico ao Atlântico para agilizar o trânsito das marinhas mercante e de guerra entre os dois oceanos, sendo visto como essencial ao exercício do poder naval norte-americano. Na década de 1880, a francesa Compagnie Universelle du Canal Interocéanique recebera do governo da Colômbia os direitos de construir um canal em uma das províncias do país, chamada Panamá. Diante de dificuldades financeiras e epidemias de malária e febre amarela que mataram milhares de trabalhadores, a empresa francesa foi à falência, e os Estados Unidos iniciaram negociações com a Colômbia para construírem eles próprios a passagem entre os oceanos. O fracasso das negociações levou Theodore Roosevelt a patrocinar uma revolta provincial panamenha, em 1903. O resultado foi a Independência do Panamá e a construção do canal sob controle norte-americano.

Ao longo das primeiras décadas do século XX, portanto, o uso da força marcou as relações entre os Estados Unidos e a América Latina. A chegada ao poder de um primo distante de Theodore Roosevelt, Franklin D. Roosevelt, em 1933, alterou essa dinâmica. No lugar do porrete, Franklin D. Roosevelt buscou projetar o poder norte-americano sobre a América Latina pela força da persuasão, pelo "exemplo da cidade na colina".

Em seu Discurso Inaugural de 1933, Franklin D. Roosevelt apresentou a Política da Boa Vizinhança, pela qual rejeitava a intervenção nos negócios internos e na soberania dos países latino-americanos, substituindo-a pela cooperação. A partir de então, e até a Segunda Guerra Mundial, os Estados Unidos buscaram liderar a América Latina pelo exemplo da sua economia, sociedade e democracia. Do auxílio à erradicação de doenças endêmicas, como a malária, a convênios, como o celebrado entre o Museu Nacional do Rio de Janeiro e a Universidade de Stanford para realizar um levantamento dos peixes marinhos brasileiros, dezenas de iniciativas de parcerias foram tomadas. Intercâmbios estudantis também foram firmados, como o realizado entre a Universidade de Michigan e o Instituto Cultural Brasil-Estados Unidos (IBEU, na sigla em inglês). A própria fundação do IBEU, em 1937, tinha por objetivo difundir a cultura norte-americana entre as classes médias do Rio de Janeiro.

Em 1940, a Boa Vizinhança tomou impulso com a criação do Escritório de Relações Comerciais e Culturais entre as Repúblicas Americanas, depois Escritório do Coordenador de Assuntos Interamericanos, que gerenciava uma ampla burocracia para implementar parcerias com países latino-americanos nas áreas de ajuda econômica, transportes, imprensa e publicações, transmissões radiofônicas, distribuição de filmes, atividades culturais, intercâmbios, saúde e políticas sanitárias, abastecimento alimentar e treinamento para situações de emergência. Funcionários do governo e empresas norte-americanas atuaram em todos os países da América Central e do Sul. Artistas brasileiros, como Carmen Miranda, passaram a se apresentar nos Estados Unidos, assim como cineastas norte-americanos, como Orson Welles, vieram ao Brasil. De particular importância foram os desenhos animados de Walt Disney, como *Alô amigos*, de 1942, e *Você já foi à Bahia?*, de 1944, que celebravam a amizade entre os Estados Unidos e a América Latina. Em contrapartida, a Política da Boa Vizinhança assegurou que a América Latina se tornasse segura para investimentos de empresas norte-americanas, que triplicaram entre 1934 e 1941.

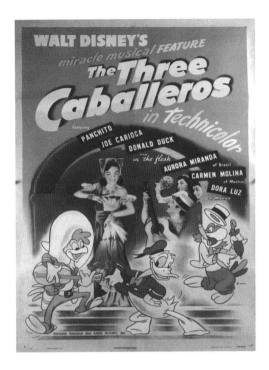

Você já foi à Bahia? (*The Three Caballeros*) se tornou um clássico de Disney, por combinar animação com personagens reais, um deles vivido por Aurora Miranda, irmã de Carmen Miranda. No espírito da Boa Vizinhança, o filme mostra a amizade entre um personagem norte-americano, o Pato Donald, um brasileiro, Zé Carioca, e o mexicano Panchito.

Com o início da Segunda Guerra Mundial, em 1939, a Política da Boa Vizinhança se aprofundou, particularmente em relação ao Brasil, país estratégico para o esforço de guerra norte-americano. O presidente Franklin D. Roosevelt esteve duas vezes no país. A primeira, em 1936, a caminho da Conferência de Buenos Aires. Exercitando seu charme pessoal e acenando com a Boa Vizinhança, afirmou, então, que duas pessoas haviam inventado o New Deal: o presidente do Brasil e o presidente dos Estados Unidos. Referia-se ao fato de que tanto Vargas quanto o New Deal haviam construído novas formas de regulação do Estado na economia. A segunda, em janeiro de 1943, em Natal, Rio Grande do Norte, onde visitou as instalações militares norte-americanas, estratégicas para o abastecimento da frente africana. Na ocasião, voltava da Conferência de Casablanca, no Marrocos, na qual se reunira com o primeiro-ministro britânico, Winston Churchill. Dois dos mais significativos desdobramentos da relação entre Brasil e Estados Unidos no contexto da Boa Vizinhança foram o envio

126 ESTADOS UNIDOS NO SÉCULO XX

da Força Expedicionária Brasileira (FEB) para lutar na Itália e a instalação da Companhia Siderúrgica Nacional, em Volta Redonda, Rio de Janeiro, considerada fundamental para o crescimento econômico brasileiro.

Os primos Theodore e Franklin D. Roosevelt personificam as duas faces do poder norte-americano ao longo do século XX, não apenas na América Latina, mas em todo o mundo: a força e a persuasão, o porrete e a cidade na colina.

O MUNDO EM GUERRA

No verão de 1914, a Europa mergulhou na Grande Guerra. De um lado, a Tríplice Aliança de Alemanha, Áustria-Hungria e Império Otomano; de outro, a Tríplice Entente de Grã-Bretanha, França e Rússia. Naquele ano, o porrete de Theodore Roosevelt continuava a funcionar, agora sob a condução do presidente Woodrow Wilson. Em março, tropas norte-americanas haviam atuado na República Dominicana e, em abril, em meio às tensões oriundas da Revolução Mexicana, ocuparam o porto de Veracruz, onde permaneceram até novembro. Distante do teatro de guerra e das intrincadas maquinações dinásticas e diplomáticas europeias, Wilson declarou a neutralidade norte-americana em 4 de agosto. Em 6 de abril de 1917, no entanto, o Congresso dos Estados Unidos declarou guerra à Alemanha. Entre uma data e outra, cerca de 2 mil norte-americanos perderam suas vidas em ataques de submarinos alemães.

O afundamento do Lusitânia

Em resposta ao bloqueio naval imposto pela Tríplice Entente à Tríplice Aliança, a Alemanha realizou, pela primeira vez na história, uma guerra de submarinos contra embarcações que se dirigiam à Grã-Bretanha. Em 7 de maio de 1915, o transatlântico britânico Lusitânia, que ia de Nova York para Liverpool, foi afundado. Todas as 1198 pessoas a bordo morreram, das quais 128 eram cidadãs norte-americanas. Os alemães haviam circulado a informação de que poderiam afundar o navio, que, de fato, carregava rifles e granadas. O ataque causou enorme indignação nos Estados Unidos, o governo Wilson protestou, mas somente em 1917 os ataques de submarinos serviram como justificativa para a entrada norte-americana no conflito.

Os Estados Unidos entraram na guerra como um Poder Associado, não como membro da Entente. Enquanto Grã-Bretanha e França lutavam pela manutenção e possível expansão de seus impérios coloniais, Wilson propunha a refundação da ordem internacional. No lugar de um novo equilíbrio de poder entre grandes potências, tal qual o estabelecido pelo Congresso de Viena, em 1815, o presidente norte-americano defendia uma "paz sem vencedores" e a criação de uma Liga das Nações, mecanismo internacional de segurança coletiva que administrasse as divergências entre países. Em janeiro de 1918, a visão wilsoniana foi traduzida nos Quatorze Pontos. Além da tradicional defesa norte-americana do livre-comércio, da livre navegação e da Liga das Nações, Wilson defendia, ainda, o fim de corridas armamentistas e a autodeterminação dos povos. Através do Tratado de Versalhes, no entanto, franceses e ingleses impuseram a derrota da Alemanha e projetaram seus poderes coloniais sobre os espólios do Império Otomano, particularmente no Oriente Médio.

A Liga das Nações, contudo, estava longe de ser consensual entre os próprios norte-americanos. Para aqueles que achavam que os Estados Unidos deveriam manter suas atenções voltadas apenas para si mesmos e seu entorno imediato, conhecidos como *isolacionistas*, o Tratado de Versalhes serviu como argumento adicional: França e Reino Unido não estavam interessados em paz, apenas em ganhos imperiais. Para aqueles inspirados na visão imperial de Theodore Roosevelt, os negócios do mundo deveriam ser conduzidos por poucas grandes potências, Estados Unidos entre elas. Alojados no Partido Republicano, *isolacionistas* e *imperialistas* evitaram, em 1918, a aprovação pelo Senado da entrada dos Estados Unidos na Liga das Nações.

Realismo e *liberalismo* nas relações internacionais

Theodore Roosevelt e Woodrow Wilson acabaram por personificar duas compreensões distintas acerca de como os países interagem. No campo da teoria das relações internacionais, tais visões assumiram, ao longo do século XX, a forma do *realismo* e do *liberalismo*.

O realismo afirma que o Estado é o ator central das relações internacionais, que todos os Estados desejam expandir seu poder, que é impossível construir um Leviatã internacional que se erga sobre eles para impor-lhes disciplina e que, portanto, a anarquia internacional – um estado de natureza hobbesiano entre Estados – é um dado do sistema internacional. O que conta nas relações internacionais, em última instância, é o poder bruto, o poder militar. O que impede a guerra permanente é a balança de poder entre os Estados. Quando a balança está equilibrada, há períodos de paz. Quando em desequilíbrio, a guerra ocorre. O desafio, portanto, é manter o equilíbrio para evitar as guerras. A Grande Guerra de 1914-1918 teria sido resultado, em tal visão, da crise do equilíbrio de poder construído pelo Congresso de Viena, em 1815, após as Guerras Napoleônicas.

Sem abrir mão da possibilidade da guerra, o liberalismo afirma que a competição entre os Estados não é a única forma de interação entre eles. Eles podem cooperar através do livre-comércio, da promoção da democracia (dado que, para os liberais, a opinião pública tem papel importante na formulação da política externa dos países) e da promoção de instituições internacionais (como a Liga das Nações e, após a Segunda Guerra Mundial, a Organização das Nações Unidas) que promovam a cooperação. Com frequência, o liberalismo é chamado de idealismo, referência negativa à suposta ingenuidade de Woodrow Wilson.

No pós-Grande Guerra, portanto, uma nova ordem internacional, de natureza rooseveltiana ou wilsoniana, realista ou liberal, não foi construída. Das potências que haviam equilibrado a balança de poder entre o Congresso de Viena e a Grande Guerra de 1914-1918, os Impérios Russo, Austro-Húngaro e Otomano sucumbiram entre 1917 e 1922. Japão, Itália e Alemanha nazista, por sua vez, buscaram projetar seu poder, sem que a Liga das Nações conseguisse impedi-los. Em 1931, os japoneses ocuparam a Manchúria e a transformaram no Estado-fantoche de Manchukuo, incorporando-a à sua zona de influência, chamada de Esfera de Coprosperidade do Grande Leste Asiático, da qual já fazia parte como colônia japonesa, desde 1910, a Coreia. Em 1933, Adolf Hitler deu início ao rearmamento da Alemanha, proibido pelo Tratado de Versalhes. Em 1935, a Itália de Benito Mussolini invadiu a Etiópia. Em 1936, Hitler remilitarizou a Renânia. Em 1937, o Japão atacou a China. Em março de 1938, a Alemanha anexou a Áustria e os Sudetos tchecos e, no ano seguinte, anexou o restante da

Tchecoslováquia. Em agosto de 1939, União Soviética e Alemanha assinaram o Pacto de Não Agressão e, no mês seguinte, a Alemanha invadiu a Polônia, dando início à Segunda Guerra Mundial.

A tudo os Estados Unidos assistiam de longe, inclusive à Guerra Civil Espanhola (1936-1939), na qual Hitler e Mussolini apoiavam abertamente o general Francisco Franco. Não apenas o país estava às voltas com o enfrentamento da Grande Depressão, como também, entre 1934 e 1936, o Comitê Nye, criado pelo Senado, tornou público os interesses de corporações financeiras e de armamentos no envolvimento dos Estados Unidos na Grande Guerra, fortalecendo ainda mais os isolacionistas. Diante de tudo isso foi aprovada pelo Congresso, entre 1935 e 1939, uma série de Leis de Neutralidade que restringiam o comércio dos Estados Unidos com países beligerantes. Quando a Segunda Guerra começou, em setembro de 1939, as Forças Armadas norte-americanas contavam com apenas 330 mil homens e o presidente Franklin D. Roosevelt não teve alternativa a não ser declarar, como havia feito Wilson em 1914, a neutralidade dos Estados Unidos.

O presidente norte-americano tinha consciência de que uma Europa dominada pelos nazistas, além de constituir uma radical ameaça civilizatória, poderia fortalecer os setores supremacistas brancos, antissemitas, anticatólicos e filofascistas dentro dos próprios Estados Unidos, além de impedir a construção de uma ordem internacional baseada no livre-comércio e na livre navegação dos mares, que julgava essenciais aos interesses norte-americanos. Por isso, não poupou esforços, desde 1940, para auxiliar os britânicos a enfrentar a Alemanha (a França foi derrotada pela Alemanha em dois meses, entre maio e junho desse mesmo ano). Depois da invasão alemã à URSS, no verão de 1941, ele estendeu o apoio também ao regime de Stalin.

O início do envolvimento direto dos Estados Unidos na guerra não se deu, contudo, contra a Alemanha, mas contra o Japão. A Esfera de Co-Prosperidade do Grande Leste Asiático colocava um desafio estratégico aos norte-americanos no Pacífico, que desde o século XIX consideravam sua área de projeção de poder. Diante de sanções econômicas, embargos comerciais e congelamento de ativos japoneses nos Estados Unidos, o Japão atacou a frota norte-americana estacionada em Pearl Harbor, no Havaí, em 7 de dezembro de 1941, matando mais de 2.200 norte-americanos. Nenhuma declaração formal de guerra havia sido anunciada. Apenas dias depois, Alemanha e Itália declararam guerra aos Estados Unidos.

ESTADOS UNIDOS NO SÉCULO XX

> **Atrocidades da Segunda Guerra Mundial**
>
> A Segunda Guerra Mundial é frequentemente associada ao genocídio de judeus, ciganos e doentes mentais e ao encarceramento de homossexuais pela Alemanha nazista, mas seus horrores não se limitaram à Europa, tampouco aos nazistas. Na Ásia, o Japão cometeu uma série de crimes de guerra, desde a escravização sexual de mulheres até estupros de coreanas, filipinas, vietnamitas e chinesas, além de massacres, como o ocorrido na cidade chinesa de Nanquim, em dezembro de 1937, e trabalhos forçados, como em Java, Sumatra. Os Aliados também tiveram seus episódios de horror, como o bombardeio da cidade alemã de Dresden, em fevereiro de 1945. No total, entre 50 e 60 milhões de pessoas morreram.
>
> Entre os Aliados, 58% dos mortos eram civis, a maioria dos quais soviéticos e chineses, ao passo que entre as forças do Eixo, os civis foram 4% dos mortos. Só a Polônia perdeu quase 15% de sua população.

Japão, Alemanha e Itália subestimaram a capacidade e a resolução norte-americana em fazer uma guerra longa e em diferentes *fronts*. Hitler, que lamentava a derrota da Confederação na Guerra Civil norte-americana, achava que um país conspurcado por negros e judeus não representava perigo para sua Alemanha ariana. Estava enganado. Os Estados Unidos mobilizaram 15 milhões de homens, converteram sua economia civil para uma economia de guerra e, entre 1942 e 1945, lutaram no Pacífico, no norte da África e na Europa.

Alertados pela experiência do pós-Grande Guerra e atentos à necessidade de evitar uma terceira guerra mundial, os Aliados deram início, ainda durante o conflito, às discussões sobre a construção de uma nova ordem internacional para o pós-guerra. Não era tarefa fácil. Apesar do inimigo comum, eles tinham objetivos estratégicos diferentes: a Grã-Bretanha buscava manter seu império colonial; os Estados Unidos, consolidar uma nova ordem internacional centrada neles próprios; a União Soviética, ampliar suas esferas de influência na Ásia e, sobretudo, na Europa Oriental. Em agosto de 1941, antes ainda do ataque a Pearl Harbor, Franklin D. Roosevelt e Winston Churchill se reuniram no litoral da Terra Nova, Canadá, ocasião em que as diferenças entre os aliados mais próximos se tornaram patentes: o presidente norte-americano defendeu o fim da Preferência Imperial, mecanismo criado nos anos 1930 para estimular o comércio intraimperial, ao passo que Churchill temia que tais concessões fragilizassem o Império Britânico. A Carta do Atlântico, que resultou do encontro, afirmava a solidariedade entre Estados Unidos e Grã-Bretanha, mas reafirmava alguns dos Quatorze Pontos de Wilson: liberalização do comércio internacional, livre navegação dos mares, rejeição de guerras como forma de aquisição territorial e autogoverno dos povos ocupados.

Os Três Grandes se encontraram pela primeira vez pessoalmente apenas em fins de 1943, na Conferência de Teerã, ocasião em que as divergências entre eles ficaram novamente evidentes. A preocupação central do líder soviético, Joseph Stalin, repousava a léguas de distância de temas norte-americanos, como o livre-comércio e a livre navegação dos mares, ou britânicos, como a defesa do Império. O que Stalin queria era um escudo territorial mais robusto entre a Alemanha e suas próprias fronteiras, ainda que às custas da Polônia. A guerra na Ásia/Pacífico também foi discutida. Em dezembro de 1941, o Japão atacara não apenas Pearl Harbor, mas também possessões britânicas, como Cingapura, Hong Kong e Malaya. Portanto, Estados Unidos e Grã-Bretanha estavam envolvidos em um teatro de guerra altamente custoso em vidas e recursos, mas não a União Soviética. Uma vez derrotada a Alemanha, Roosevelt e Churchill queriam apoio soviético contra o Japão, mas em troca Stalin exigiu as ilhas Curilas e o sul das ilhas Sacalinas, além de acesso a portos de mar quente no norte da China.

Os destinos da Polônia (e da Europa Oriental) e da Ásia foram, também, tema da reunião seguinte entre os três líderes, em fevereiro de 1945, em Yalta, na Crimeia. A vitória na Europa era uma questão de tempo, mas a guerra contra o Japão continuava indefinida. Em troca de uma declaração de guerra da União Soviética contra os japoneses, Churchill e Roosevelt aceitaram uma zona de influência soviética na Manchúria e as exigências feitas por Stalin sobre as Sacalinas e as Curilas, assim como acesso a Porto Arthur (atual Lüshunkou, China). Churchill e Roosevelt também concordaram em que os governos da Europa Oriental deveriam ser "amigáveis" com a URSS, enquanto esta prometia eleições livres nos territórios por ela liberados.

Na Conferência, era visível a fragilidade da saúde de Franklin D. Roosevelt, que morreria dois meses depois, de hemorragia cerebral, aos

132 ESTADOS UNIDOS NO SÉCULO XX

63 anos. Na Conferência seguinte, de Potsdam, entre 17 de julho e 2 de agosto de 1945, os Estados Unidos foram representados pelo novo presidente, Harry Truman. Em conversa privada, Truman comunicou a Stalin que os Estados Unidos haviam detonado, com sucesso, uma bomba atômica. Dias depois, Truman, Churchill e o líder chinês Chiang Kai-shek deram um ultimato ao Japão. Em 6 de agosto, os Estados Unidos lançaram uma bomba atômica sobre Hiroshima. Em 8 de agosto, a União Soviética declarou guerra ao Japão. Em 9 de agosto, os Estados Unidos lançaram uma segunda bomba atômica, contra Nagasaki. Em 15 de agosto, o Japão se rendeu, colocando um ponto-final à Segunda Guerra Mundial.

Hiroshima e Nagasaki

As razões que levaram os Estados Unidos a jogar duas bombas atômicas sobre o Japão têm sido alvo de intensos debates entre os historiadores. De um lado, estão os que defendem que as bombas foram necessárias para evitar milhões de mortes japonesas e norte-americanas, dado que o Japão se recusava à rendição. De outro, os que defendem que as bombas eram militarmente desnecessárias, pois o Japão já estava com seus recursos se exaurindo e não teria como levar a guerra adiante por muito tempo. A motivação real seria política: evitar que a entrada da União Soviética na guerra resultasse em ganhos geopolíticos para Stalin na Ásia. As bombas seriam, assim, o primeiro ato da Guerra Fria.

AS REGRAS DO JOGO

Derrotados Alemanha e Japão, a aliança entre Estados Unidos, Grã-Bretanha e União Soviética não resistiu à força dos interesses divergentes. Ainda assim, uma nova ordem internacional, que combinava elementos realistas e liberais, impediu pelo restante do século XX um novo conflito generalizado, como os ocorridos em 1914-1918 e 1939-1945.

Do lado realista, um equilíbrio de poder foi construído entre Estados Unidos e seus aliados da Europa Ocidental, reunidos na Organização do Tratado do Atlântico Norte (Otan), e a União Soviética e seus aliados da Europa Oriental (coberta por uma Cortina de Ferro, no dizer de Winston Churchill), reunidos no Pacto de Varsóvia.

Estados Unidos e URSS enfrentavam problemas geopolíticos diferentes, refletidos na Otan e no Pacto de Varsóvia. Se a situação geopolítica da URSS a tornava vulnerável a ataques de potências próximas, como a Segunda Guerra havia evidenciado, também tornava mais fácil para os soviéticos projetar seu poder sobre a Eurásia. Os Estados Unidos viviam situação quase inversa: sua posição geopolítica singular os tornava mais protegidos de ataques externos, mas tornava, também, mais difícil para eles projetarem seu poder no mundo. Essa dificuldade foi minorada não apenas pela Otan, que militarmente colocava os Estados Unidos dentro da Europa, como, também, pelo fato de que os norte-americanos saíram da Segunda Guerra com tropas estacionadas em diversos países do mundo, da Alemanha ao Japão e à Coreia do Sul. Adicionalmente, a Lei de Segurança Nacional, de 1947, criou agências estatais para lidar com o novo papel dos Estados Unidos no mundo, como o Conselho de Segurança Nacional e a CIA.

Do lado liberal, a ONU se tornou um mecanismo coletivo de administração de conflitos, com os vencedores da Segunda Guerra (Estados Unidos, China, União Soviética, Grã-Bretanha e França) tendo assento permanente e poder de veto no seu Conselho de Segurança. Para além de terem proposto a criação da ONU, os norte-americanos também exerceram forte poder institucional, econômico e de valores sobre o que viria a ser chamado de "mundo livre". Os Acordos de Bretton Woods, de 1944, que criaram o Fundo Monetário Internacional (FMI) e o Banco Mundial ou Banco Internacional para Reconstrução e Desenvolvimento (Bird), e o Acordo Geral de Tarifas e Comércio (Gatt, na sigla em inglês), de 1947, colocaram os Estados Unidos no centro da regulação da economia capitalista internacional, beneficiando suas empresas e mercados. O cinema, os seriados de televisão, a música e as teorias sociológicas da modernização difundiram valores e o modelo econômico norte-americanos como universais. O Plano de Metas de Juscelino Kubitschek (1956-1961), por exemplo, deveu muito à Comissão Mista Brasil-Estados Unidos (CMBEU), de 1951, que identificou gargalos estruturais na economia brasileira e propôs o investimento no binômio energia-transporte. O Plano Marshall, de 1948, financiou a reconstrução de países europeus, garantindo que eles se afastassem da influência soviética, tornando-os uma importante área de investimentos e mercados para empresas norte-americanas.

> ### O "Debate da Cozinha"
>
> De modo a promover uma distensão na Guerra Fria, norte-americanos e soviéticos concordaram em realizar um intercâmbio cultural em 1958. No ano seguinte, foi inaugurada a Exibição Nacional Americana, em Moscou. Em um dos estandes, uma casa suburbana mostrava aos soviéticos como os norte-americanos viviam em conforto e abundância. Em 24 de julho de 1959, a cozinha da casa se tornou centro de uma conversa na qual o então vice-presidente norte-americano, Richard Nixon, tentava convencer o Secretário-Geral do Partido Comunista da URSS, Nikita Kruschev, da superioridade do capitalismo sobre o comunismo. O "Debate da Cozinha", como ficou conhecido, foi um momento importante no qual os Estados Unidos buscaram se afirmar como uma "cidade na colina", um modelo de sociedade que oferecia abundância e conforto e que poderia ser estendido a todos os países do mundo.
>
>
>
> Nixon Presidential Library and Museum, 24 jul. 1959

No pós-Segunda Guerra, portanto, as visões de Theodore Roosevelt e Woodrow Wilson convergiram. Pela força do porrete e/ou a persuasão da cidade na colina, qualquer resquício de isolacionismo norte-americano foi enterrado.

O novo papel dos Estados Unidos no mundo foi posto pela primeira vez à prova em 1947, quando as possíveis consequências internacionais advindas da guerra civil entre o governo grego e forças comunistas levaram a que o presidente Truman fizesse seu grande enunciado de política externa. Havia, então, a preocupação de que uma vitória comunista na Grécia pudesse desestabilizar a Turquia e, em decorrência, todo o Oriente Médio. Quando os britânicos perderam a capacidade de auxiliar o governo grego, o presidente anunciou a Doutrina Truman, segundo a qual os Estados Unidos dariam assistência política, militar e econômica a nações democráticas que estivessem sob ameaça de forças comunistas. A orientar a Doutrina Truman, o *princípio da contenção*.

Formulado pelo diplomata George Kennan e revelado em um número da revista *Foreign Affairs*, de 1947, sob autoria anônima e com o título de "Artigo-X", o princípio da contenção afirmava que o enfrentamento dos Estados Unidos à União Soviética deveria se basear na implementação de medidas reativas, principalmente no campo econômico (como o Plano Marshall) e na guerra psicológica, sempre que a URSS adotasse medidas para expandir seu poder. Desde sua divulgação, o princípio da contenção foi criticado por formuladores de política externa e comentaristas políticos. Alguns o consideravam sem foco, outros o entendiam excessivamente defensivo. Apesar das críticas e do crescente papel assumido pelos Estados Unidos em conflitos internacionais, como nas Guerras da Coreia e do Vietná, o contorno geral da contenção se tornou o enfoque básico dos norte-americanos ao longo da Guerra Fria, ao menos até a chegada de Ronald Reagan ao poder, em 1981.

Conter a União Soviética, no entanto, revelou-se algo mais complexo do que os Estados Unidos poderiam imaginar. Entre o fim da Segunda Guerra Mundial, em 1945, e o fim da União Soviética, em 1991, Estados Unidos e URSS disputaram palmo a palmo os escombros dos impérios europeus na Ásia e na África. Na América Latina, os Estados Unidos frequentemente confundiram movimentos reformistas e/ou nacionalistas com revoluções comunistas. Esse conjunto de tensões, disputas e incompreensões ficou conhecido como Guerra Fria. As duas superpotências jamais se enfrentaram diretamente, mas entre 25 e 50 milhões de pessoas morreram em guerras, guerras civis, golpes de Estado e revoluções.

Os alinhamentos políticos no "mundo livre" e no "mundo comunista", por outro lado, não eram automáticos. Quando a China se tornou comunista, em 1949, passou a concorrer com a URSS por projeção de poder sobre a Ásia, a África e a América Latina, onde o maoismo inspirou movimentos revolucionários nos anos 1960. No "mundo livre", nem sempre os interesses dos Estados Unidos convergiram com os de seus aliados, como Grã-Bretanha e França, que buscavam manter resquícios de seu antigo poder imperial na África, na Ásia e no Oriente Médio, tampouco com alguns de seus novos aliados locais, como Israel. Por fim, a Conferência de Bandung, na Indonésia, em 1955, viu surgir o Movimento dos Não Alinhados, reunindo países comunistas e capitalistas que rejeitavam a lógica bipolar, como Iugoslávia, Índia e Indonésia.

Portanto, a Guerra Fria foi, ela própria, muito mais complexa do que a simples oposição entre Estados Unidos e União Soviética. Em alguns momentos, as duas potências compreenderam as preocupações estratégicas uma da outra, em outros chegaram a convergir, em outros, ainda, enfrentaram-se através de aliados locais. No entanto, ao longo de todo o período nunca deixaram de dialogar, fosse por meio de contatos diretos entre seus líderes e embaixadores, fosse mediante os canais de cooperação internacional e a resolução de conflitos construídos pela ONU.

Na Europa, essa complexidade se traduziu em momentos de tensão, mas também de acordos tácitos. Entre junho de 1948 e maio de 1949, a URSS bloqueou por terra o abastecimento de Berlim Ocidental, obrigando Estados Unidos e Grã-Bretanha a realizarem uma ponte aérea para a zona da cidade sob seu controle. A Alemanha havia sido dividida em duas, a Ocidental e a Oriental, e Berlim, que também havia sido dividida em duas, ficava na porção oriental, sob controle comunista. Em 1961, novas tensões entre os dois blocos resultaram na construção do Muro de Berlim. No entanto, quando as forças do Pacto de Varsóvia invadiram a Hungria, em 1956, para estancar as reformas liberalizantes de Imre Nagy, e a Tchecoslováquia, em 1968, para colocar um fim na Primavera de Praga de Alexander Dubček, a reação dos Estados Unidos não foi muito além de protestos protocolares. Havia, então, a compreensão de que a Europa Oriental era área de influência da União Soviética, postura muito diferente da adotada na área considerada de influência dos próprios Estados Unidos, a América Latina.

Na América Latina, a CIA ajudou a organizar diversos golpes de Estado realizados por militares locais. O primeiro ocorreu em 1954, na Guatemala, contra o presidente nacionalista Jacobo Árbenz. A seguir, países como o Brasil (1964), Uruguai e Chile (1973) e Argentina (1976) enfrentaram golpes e ditaduras militares que se estenderiam até a década de 1980, sempre apoiados pelos Estados Unidos, ainda que não de maneira constante e uniforme. Ao menos durante o governo Jimmy Carter (1977-1981), houve uma preocupação maior com a tortura e a violação de direitos humanos pelos regimes militares, o que levou ao tensionamento das relações com Argentina, Chile e Brasil. O centro das preocupações norte-americanas era a Revolução Cubana, de 1959, e sua influência no continente. Muito embora Fidel Castro fosse, ao menos de início, um líder nacionalista, os Estados Unidos o compreenderam como uma ameaça comunista, e a CIA organizou inúmeras tentativas de assassiná-lo, além de patrocinar a fracassada invasão da Baía dos Porcos, em 1961. Castro, então, foi buscar proteção na URSS, o que deu origem à Crise dos Mísseis que quase levou o mundo à guerra nuclear entre Estados Unidos e URSS, em 1962.

Chile, 1973

Em 11 de setembro de 1973, as Forças Armadas chilenas derrubaram o presidente socialista democraticamente eleito, Salvador Allende, e deram início a uma das mais brutais ditaduras militares latino-americanas, que só terminaria em 1990. Desde a eleição de Allende, em 1970, a CIA vinha operando para impedir sua posse e, uma vez realizada, desestabilizar econômica e politicamente seu governo. Os Estados Unidos foram além.

A CIA apoiou a Operação Condor, consórcio de ditaduras militares latino-americanas para prender e assassinar opositores políticos. Entre os chilenos, a vítima mais conhecida da Operação foi o economista Orlando Letelier, assassinado em 1976 em plena capital norte-americana, Washington.

Como na América do Sul, na África os Estados Unidos recorreram a forças locais para fazer valer seus interesses estratégicos. Até a Segunda Guerra Mundial, o continente esteve quase inteiramente dominado por países como França, Grã-Bretanha e Portugal. Entre as décadas de 1950 e os anos 2000, dezenas de guerras de libertação nacional, como as de Argélia (1954-1962) e Moçambique (1964-1974), assim como guerras civis, como a de Angola (1975-2002), abalaram o continente. Em tal cenário, Estados

138 ESTADOS UNIDOS NO SÉCULO XX

Unidos e União Soviética, mas também China e Cuba, apoiaram forças em conflito, por vezes menos em razão de identidades políticas e ideológicas e mais por interesses econômicos e de projeção de poder. A Guerra Civil Nigeriana, de 1967 a 1970, evidencia a complexidade de forças, interesses e alianças em disputa na África, que iam muito além da bipolaridade entre URSS e Estados Unidos. Biafra, região de etnia igbo, majoritariamente cristã e rica em petróleo, fez uma guerra de secessão contra a Nigéria, na qual morreram entre 500 mil e 3 milhões de pessoas, inclusive de fome. Biafra recebeu apoio francês, ao passo que URSS, Grã-Bretanha e Estados Unidos apoiaram o governo nigeriano.

Como a África, o Oriente Médio – região estratégica por causa do canal de Suez, de ricas jazidas de petróleo e por estar situado entre Ásia, Europa e África – esteve sob controle francês e britânico até a Segunda Guerra. Com o fim do conflito, Estados Unidos e URSS buscaram nele projetar seu poder. No entanto, a criação do Estado de Israel, em 1948, e as tentativas de França e Grã-Bretanha de continuarem a exercer influência na região tornaram os objetivos norte-americano e soviético mais difíceis de serem atingidos. Em razão de suas ligações com a Arábia Saudita e visando se aproximar de Jordânia, Iraque e Egito, os Estados Unidos hesitaram quanto ao apoio à criação do Estado de Israel, que lutou a Guerra de 1948-1949 com apoio dos soviéticos. Para estes, o novo país representava uma oportunidade de quebrar a influência britânica na região. Nos anos seguintes, a posição norte-americana de equidistância entre Israel e o mundo árabe levou à aproximação entre Israel e França, que, sob forte oposição dos Estados Unidos, auxiliou o país liderado por David Ben-Gurion a desenvolver suas capacidades nucleares. Durante a Crise de Suez, em 1956, Estados Unidos e URSS convergiram na condenação da invasão britânica, francesa e israelense à Zona do Canal. Apenas após a Guerra dos Seis Dias, em 1967, do Setembro Negro na Jordânia, em 1970, e da Guerra do Yom Kippur, em 1973, Israel se tornou aliado preferencial dos Estados Unidos na região. Ainda assim, para assegurar sua aproximação com países árabes, os Estados Unidos praticamente obrigaram Israel a devolver o Sinai ao Egito, em 1978, ocupado desde a Guerra dos Seis Dias, e se opuseram à colonização da Cisjordânia.

A Ásia foi a exceção. Na Ásia, os Estados Unidos recorreram, eles próprios, ao porrete e participaram diretamente de duas guerras. Entre 1950 e 1953, sob mandato da Resolução 82 da ONU, lutaram ao lado da Coreia do Sul contra a do Norte, perdendo mais de 30 mil homens em combate. A União Soviética boicotou a sessão da ONU que aprovou a Resolução 82 e a China era, então, representada no Conselho de Segurança pela República da China (Taiwan), não pela República Popular da China, que acabou se envolvendo no conflito ao lado da Coreia do Norte.

Mas o principal desafio norte-americano no continente, e também seu maior fracasso, foi a Guerra do Vietnã, resultado da teoria de que uma vitória comunista na região teria efeito-dominó no Sudeste Asiático, ameaçando Japão, Indonésia, Filipinas e, por conseguinte, toda a projeção do poder norte-americano no Pacífico. Essa guerra foi um desastre para os Estados Unidos, que finalmente retiraram suas tropas do país em 1973 para ver, em 1975, Saigon, capital do Vietnã do Sul, cair nas mãos dos norte-vietnamitas. A tomada de Saigon pelo Vietnã do Norte selou o fracasso dos Estados Unidos no conflito do Sudeste Asiático. Na iminência da queda da cidade, a embaixada norte-americana deu início a uma frenética evacuação por helicópteros de funcionários e cidadãos norte-americanos, assim como de sul-vietnamitas ligados ao governo do Vietnã do Sul. As cenas de desespero e confusão correram o mundo, ajudando a minar ainda mais o prestígio dos Estados Unidos.

Os Estados Unidos saíram do Vietnã com seu prestígio militar e sua imagem (e autoimagem) de cidade na colina profundamente abalados pelo uso de armas químicas, como o agente laranja, pelo napalm e por massacres como o de My Lai, aldeia em que cerca de 500 camponeses foram assassinados por soldados norte-americanos em 16 de março de 1968.

As dificuldades no Vietnã coincidiram com a crise econômica da estagflação de princípios dos anos 1970. A União Soviética, por seu lado, não estava em situação muito melhor em razão de problemas econômicos evidentes desde os anos 1960. Neste ambiente, os Estados Unidos buscaram distensionar suas relações tanto com a URSS quanto com a República Popular da China, até então mantida em isolamento internacional. Era a *Détente*, desenhada por Henry Kissinger, uma das figuras mais controversas do pós-Segunda Guerra, que resultou no Tratado de Limitação de Armas Estratégicas, de 1972, e nos Acordos de Helsinque, de 1975, que reconheceram a inviolabilidade das fronteiras traçadas na Europa após a Segunda Guerra, estimularam a cooperação em áreas como tecnologia e meio ambiente e afirmaram a importância dos direitos humanos. Ainda em 1972, o presidente Nixon foi à China, resultando no reconhecimento norte-americano da República Popular em 1979.

Quando, no entanto, a *Détente* parecia dar seus frutos, ocorreu um novo revés para os norte-americanos na Ásia. Em 1953, a CIA havia apoiado um golpe de Estado contra o primeiro-ministro iraniano Mohammad Mossadegh, de modo a fortalecer o poder do xá (rei), Reza Pahlevi. Em jogo, as reservas de petróleo e a importância geopolítica do Irã, a meio caminho entre o Oriente Médio, o subcontinente indiano, a URSS e a China. Aliado dos Estados Unidos, o xá fez um governo secular, autoritário e modernizante, que por sua vez foi derrubado pela Revolução Islâmica do aiatolá Ruhollah Khomeini, em 1979. Além de uma perda estratégica, a Revolução impôs aos norte-americanos uma humilhação internacional: a Crise dos Reféns (novembro de 1979-20 de janeiro de 1980).

Em meio à Revolução Iraniana, em novembro de 1979 a embaixada norte-americana em Teerá foi ocupada por estudantes universitários favoráveis ao aiatolá, que exigiam o retorno do xá, em tratamento médico nos Estados Unidos, ao Irã. Diplomatas e cidadãos norte-americanos foram mantidos reféns por 444 dias. Com o fracasso das negociações, o presidente Carter ordenou o resgate dos reféns usando navios de guerra e helicópteros. A operação foi um fracasso: o secretário de Estado, Cyrus Vance, renunciou, Carter perdeu as eleições presidenciais de 1980 e os norte-americanos foram liberados um dia depois que Ronald Reagan assumiu a presidência dos Estados Unidos.

Reagan prometeu resgatar o papel de liderança dos Estados Unidos no mundo, profundamente abalado pelo fracasso no Vietnã, pela Revolução Islâmica do Irã e pela Crise dos Reféns. Para isso, substituiu a contenção de Truman e a *Détente* de Nixon pela chamada "Segunda Guerra Fria". A ideia era imprensar (*rollback*) a URSS, fragilizar suas capacidades econômicas, políticas e militares e, se possível, derrotá-la na Guerra Fria, mesmo que ao custo do aumento do déficit público. A frágil situação da URSS auxiliou Reagan. Sequer as reformas de Mikhail Gorbatchev (1985-1991), conhecidas como Perestroika e Glasnost, foram capazes de reverter o declínio econômico soviético, acentuado, a partir de 1979, pela crise política e militar da Guerra do Afeganistão (1979-1989), que se tornou o "seu Vietnã".

Denunciando a URSS como o "Império do Mal", Reagan deu início a uma nova corrida armamentista, em torno da Iniciativa de Defesa Estratégica (conhecida como "Guerra nas Estrelas"), usou o porrete para invadir a ilha caribenha de Granada, em 1983, apoiou a guerrilha dos "contras" em oposição ao governo sandinista da Nicarágua, os afegãos contra os soviéticos, a União Nacional para a Independência Total de Angola (Unita) contra o Movimento Popular de Libertação de Angola (MPLA) em Angola, a ditadura de Ferdinand Marcos nas Filipinas e o governo que mantinha o apartheid na África do Sul. Economicamente exaurida pela corrida armamentista, pela Guerra do Afeganistão e pelo envolvimento em conflitos regionais, a URSS entrou em colapso e deixou de existir em dezembro de 1991.

Escândalo Irã-Contras

Preocupado com o excessivo envolvimento norte-americano no apoio à guerrilha dos "contras" na Nicarágua, em 1984 o Congresso norte-americano de maioria democrata votou uma série de leis para evitar um envolvimento ainda maior no país da América Central. No ano seguinte, o Conselho de Segurança Nacional montou um intricado sistema ilegal de venda de armas para o Irã, na esperança de que o aiatolá Khomeini interviesse para a liberação de reféns norte-americanos sequestrados por militantes xiitas no Líbano. Parte do dinheiro obtido na transação ilegal acabou desviado, também ilegalmente, para os "contras".

O escândalo veio à tona em novembro de 1986. Nos anos seguintes, vários dos envolvidos seriam condenados, sendo alguns posteriormente perdoados pelo presidente George W. Bush. E o presidente Ronald Reagan, como em diversos outros escândalos de corrupção ocorridos em seu governo, saiu jurídica e politicamente ileso também deste.

A (DES)ORDEM DO PÓS-GUERRA FRIA

A ordem internacional construída no pós-Segunda Guerra começou a ruir ainda antes do colapso da União Soviética, como evidenciou o ano de 1989.

Em junho, a China suprimiu com violência um movimento pela democracia, que resultou no Massacre da Praça da Paz Celestial, com um número de mortos apenas estimado, indo de algumas centenas a alguns milhares. Desde que a China iniciara suas reformas econômicas em direção a uma economia de mercado, em fins da década de 1970, o país havia se tornado uma importante área de investimentos para empresas norte-americanas, graças a seus baixos custos de trabalho, aos investimentos governamentais em infraestrutura e à segurança jurídica proporcionada por um governo autoritário. Ademais, havia mais de 20 anos, era uma potência nuclear. Em tal cenário, o presidente George H. Bush se limitou a impor sanções econômicas ao país. Enquanto isso, a Cortina de Ferro ruía. Em novembro, ocorreu a Queda do Muro de Berlim, um símbolo da Guerra Fria. Nas semanas seguintes, caíram os governos comunistas da Tchecoslováquia e da Romênia. O primeiro, derrubado pela Revolução de Veludo; o segundo, por uma revolução não aveludada: em 25 de dezembro de 1989, o ditador romeno, Nicolae Ceausescu, e sua esposa, Elena Ceausescu, foram sumariamente julgados e executados por um tribunal militar. Em setembro do ano seguinte, uma Alemanha reunificada entrou para a Otan.

Operação Justa Causa, dezembro de 1989-janeiro de 1990

Enquanto a Europa Oriental se autonomizava da URSS, os Estados Unidos voltaram a usar o porrete em sua própria área de influência. Em dezembro de 1989, tropas norte-americanas desembarcaram no Panamá para derrubar Manuel Noriega, o homem forte do país, prendê-lo e levá-lo para os Estados Unidos. Por décadas, Noriega havia sido agente da CIA, mas acabou se envolvendo com o tráfico internacional de drogas e com guerrilhas na América Central, tornando-se uma ameaça aos interesses norte-americanos na estratégica Zona do Canal do Panamá. A CIA buscou, então, desestabilizar seu governo, ao que Noriega respondeu afirmando existir um estado de guerra entre seu país e os Estados Unidos. Quando um militar norte-americano morreu, após ter seu carro atingido por militares panamenhos, a Operação foi decidida.

Quando o ano de 1989 terminou, portanto, o mundo já não era mais o mesmo: a China despontava como grande potência e o Pacto de Varsóvia claudicava. Em agosto do ano seguinte, o Iraque de Saddam Hussein invadiu o Kuwait, proporcionando ao mundo mais uma evidência da fragilidade da URSS de Mikhail Gorbatchev. Estados Unidos e URSS, assim como toda a comunidade internacional, convergiram na condenação ao ataque, mas a liderança incontestável da condução da crise coube aos norte-americanos. Até o último momento, Gorbatchev buscou solucionar o impasse por vias diplomáticas, mas não teve sucesso, pois já não mais reunia condições de, como grande potência, propor uma alternativa viável de resolução da crise.

Contando com o apoio de Resoluções da ONU, os Estados Unidos, conduzidos pelo presidente George H. Bush, lideraram a formação de uma coalizão internacional para expulsar o Iraque do Kuwait, que contou com países da Otan, como Canadá, Itália, Reino Unido e França, mas também com países árabes, como Egito, Omã, Marrocos, Síria e Arábia Saudita, africanos, como Níger e Senegal, asiáticos, como Coreia do Sul, e alguns que até recentemente haviam feito parte da Cortina de Ferro, como Hungria, Polônia e Romênia. Como demonstração de força e prestígio, os norte-americanos não só conseguiram evitar que Israel participasse da coalizão, como também que não reagisse, caso Saddam Hussein o atacasse. Em janeiro de 1991, a coalizão deu início à Operação Tempestade no Deserto, que, em pouco mais de um mês, expulsou o Iraque do Kuwait.

Saddam Hussein e Israel

Ao longo da Guerra do Golfo, o Iraque lançou 19 ataques de mísseis Scuds contra Israel. Muitos atingiram cidades importantes, como Tel Aviv e Haifa. Com tais ataques, Saddam Hussein, além de se tornar um herói para os palestinos e populações de diversos países árabes, queria atrair Israel para a guerra, de modo a forçar os países árabes da coalizão a abandoná-la. Os norte-americanos fizeram de tudo para evitar retaliações israelenses. Não foi tarefa fácil. O país era então governado por Yitzhak Shamir, do Partido Likud, de direita, cujos membros mais radicais exigiam resposta aos ataques. Os Estados Unidos instalaram e operaram em Israel baterias antimísseis para interceptar os Scuds, expandiram sua ajuda militar e financeira, e realizaram dezenas de voos no território iraquiano para destruir lança-mísseis que poderiam atingir Israel. Em razão dos sistemas de segurança e abrigos antiaéreos israelenses, o número de vítimas fatais foi relativamente baixo. Dois israelenses morreram como consequência direta dos ataques, além de 208 feridos. Em termos materiais, 1.300 casas, 6 mil apartamentos, 23 prédios públicos, 200 lojas e 50 carros foram destruídos.

144 ESTADOS UNIDOS NO SÉCULO XX

Para um país ainda traumatizado pelo Vietnã, a Guerra do Golfo foi um trunfo. Unindo o porrete e a cidade na colina, o país demonstrara poderio militar, respeito às normas internacionais – a Resolução 678, da ONU, autorizava que a coalizão militar expulsasse o Iraque do Kuwait, mas não que derrubasse Saddam Hussein do poder no Iraque, o que foi obedecido, apesar das muitas críticas da direita norte-americana – e disposição para cooperar com outros países.

E aí sim, a URSS desmoronou.

Após a queda da URSS, a política externa norte-americana, conduzida pelo presidente Bill Clinton, viu-se diante do desafio de continuar a construção de uma ordem internacional que mantivesse os Estados Unidos no centro político, econômico, cultural e militar do mundo. No nível dos enunciados, a estabilidade do sistema internacional seria construída através de instituições multilaterais, da cooperação internacional, da promoção da democracia, dos direitos humanos e do livre-comércio. No entanto, diversos conflitos localizados e iniciativas de Clinton revelaram as dificuldades norte-americanas em construir tal ordem.

Semanas antes de Clinton assumir o poder, os Estados Unidos haviam enviado tropas à Somália para apoiar uma missão humanitária da ONU. As tropas, no entanto, acabaram se envolvendo no conflito do país e cerca de 20 soldados norte-americanos morreram. Os Estados Unidos retiraram as forças da região em 1994, mas a Somália continuou imersa em guerra civil, e os erros de planejamento e estratégia cometidos custaram um alto preço político para o governo Clinton. Entre abril e julho do mesmo ano, diante do genocídio de tutsis pelos hutus, que resultou em cerca de 800 mil mortos em Ruanda, o governo norte-americano, ainda sob o impacto do fiasco da Somália, nada fez, o que lhe custou, mais uma vez, pesadas críticas.

Tampouco a grande ofensiva de Clinton no Oriente Médio produziu a paz entre israelenses e palestinos. Os Acordos de Oslo, de 1993, começaram a naufragar em novembro de 1995, quando o primeiro-ministro israelense, Yitzhak Rabin, do Partido Trabalhista, foi assassinado por um fundamentalista religioso judeu de cidadania israelense, para quem a devolução de territórios sagrados na Cisjordânia (Judeia e Samaria, para o fundamentalismo judaico) era entendida como obstáculo ao início do processo de redenção messiânica. O assassinato de Rabin jogou Israel em profunda crise política. Entre 1995 e 2001, o país teve três governos e só voltou a conhecer estabilidade quando Ariel Sharon, adversário dos Acordos de Oslo, tornou-se primeiro-ministro.

Yitzhak Rabin, Bill Clinton e Yasser Arafat, 1993.

Ao mesmo tempo, Clinton continuou a política de Ronald Reagan de imprensar, não mais a União Soviética, mas a Rússia. Com a queda da URSS, em 1991, o Pacto de Varsóvia também deixou de existir, mas a Otan, pelo contrário, não só foi mantida como ampliada, de modo a incorporar antigos membros da aliança militar soviética, como a Polônia, a Hungria e a República Tcheca (parte da antiga Tchecoslováquia). Para a Rússia, a expansão da Otan para as suas franjas sinalizou que ela não era bem-vinda à ordem internacional que o Ocidente procurava construir, Estados Unidos à frente. Não apenas isso. Com a justificativa de dar um basta à limpeza étnica/genocídio contra kosovares de etnia albanesa por forças sérvias, no contexto da desintegração da ex-Iugoslávia, a Otan bombardeou Belgrado em maio de 1999, sem a autorização da ONU. Nunca uma capital europeia fora atacada desde a Segunda Guerra Mundial. O contraste entre a atitude norte-americana diante do genocídio tutsi e a limpeza étnica/genocídio kosovar contribuiu para minar a tradicional defesa norte-americana pelos direitos humanos, evidenciando dois pesos e duas medidas para vidas europeias e africanas. O bombardeio de Belgrado sem autorização da ONU contribuiu, também, para minar a credibilidade norte-americana da defesa da construção de uma ordem internacional baseada na cooperação, em instituições multilaterais e no direito internacional.

A CIDADE NA COLINA E O PORRETE, UM FENÔMENO BIPARTIDÁRIO

Ao longo do século XX, os Partidos Republicano e Democrático divergiram em diversos assuntos domésticos, como o papel do Estado na regulação da economia, a construção do Estado de Bem-Estar Social e a universalização dos direitos civis e políticos, mas tiveram convergência maior em política externa. Muito embora as principais propostas e realizações liberais norte-americanas para o mundo tenham sido formuladas por presidentes democratas, como a Liga das Nações de Woodrow Wilson e a ONU de Franklin D. Roosevelt, foram, também, os presidentes democratas Harry Truman, John F. Kennedy e, principalmente, Lyndon B. Johnson que recorreram à força militar nas Guerras da Coreia e do Vietnã.

Portanto, ainda que em nome da cidade na colina, tanto democratas quanto republicanos utilizaram o porrete para fazer valer o que entendiam ser os interesses norte-americanos, ou seja, a centralidade econômica, política e militar dos Estados Unidos no sistema internacional. O que uns e outros não podiam supor é que, em 11 de setembro de 2001, o território continental de seu país seria atacado por uma organização terrorista, a Al-Qaeda, lançando-os em um desafio inédito no século XXI.

(In)Conclusão

Em 6 de janeiro de 2021, após dois meses de seguidas alegações de fraudes eleitorais repetidas por Donald Trump, seus advogados, deputados republicanos, mídias alternativas e ao menos uma grande emissora de televisão, uma multidão invadiu o Capitólio, sede do Congresso dos Estados Unidos. O objetivo, que acabou frustrado, era impedir a sessão conjunta da Câmara e do Senado para a contagem oficial dos votos dos delegados indicados ao Colégio Eleitoral, formalizando, assim, a vitória do candidato Joe Biden nas eleições presidenciais de novembro de 2020.

Alegações de fraude não são novidade em eleições presidenciais norte-americanas. A combinação das regras eleitorais de cada estado, frequentemente complexas e confusas, com as regras igualmente complexas do Colégio Eleitoral contribui para que desconfianças venham à tona de tempos em tempos, como em 1824, 1876, 1960 e 2000.

148 ESTADOS UNIDOS NO SÉCULO XX

Embora a 13ª Emenda, de 1865, tenha abolido a regra dos 3/5 (que contabilizava os escravizados para fins de representação na câmara federal), a natureza federalista da Constituição continua a determinar, como estabelecido em 1787, que não são diretamente os cidadãos, mas os estados, através de seus delegados ao Colégio Eleitoral, que elegem o presidente da República. Como o número de delegados de cada estado resulta da soma do número de seus deputados, que varia de acordo com o tamanho de sua população, mais dois, relativos aos dois senadores a que todos os estados têm direito, estados de menor população são sobrerrepresentados no Colégio Eleitoral, ao passo que os de maior população são sub-representados.

A Constituição também atribui aos estados o direito de determinar como os delegados são escolhidos. Na primeira eleição, em 1792, apenas Pensilvânia e Maryland organizaram eleições para tal fim. Nos demais, a escolha dos delegados coube às legislaturas estaduais. Nos dias de hoje, todos os estados escolhem os delegados em eleições populares (o que significa dizer que, no dia das eleições, os eleitores votam, em verdade, em listas fechadas de delegados elaboradas pelos partidos políticos). Para aumentar seu peso no Colégio Eleitoral, 48 estados utilizam o sistema "o vencedor leva tudo" (Maine e Nebraska são as exceções), indicando todos os delegados da lista fechada vencedora nas eleições populares, ao passo que o partido derrotado não indica nenhum.

A combinação da composição do Colégio Eleitoral e do sistema "o vencedor leva tudo" resulta sempre em distorções entre os resultados do voto popular e os do Colégio Eleitoral. Em 2000 e 2016, as distorções foram tão grandes que o perdedor no voto popular foi eleito presidente pelos delegados ao Colégio Eleitoral. Em ambas, os favorecidos foram candidatos republicanos, tradicionalmente mais votados em estados sobrerrepresentados no Colégio Eleitoral. Em 2000, George W. Bush foi eleito pelo voto de 271 delegados contra 266 de Al Gore, embora houvesse obtido quase 540 mil votos populares a menos que o democrata. Em 2016, graças aos 0,3% de votos populares a mais que recebeu em Michigan, aos 0,7% a mais em Wisconsin e aos 0,7% a mais na Pensilvânia, o beneficiado foi Trump. Em outras palavras: os 78 mil votos populares a mais obtidos por Trump em três estados, aliados ao sistema "o vencedor leva tudo", garantiram-lhe os votos de 304 delegados ao Colégio Eleitoral contra 227 de Hillary Clinton, e acabaram por valer mais do que os 2,8 milhões a mais obtidos por Clinton em todo o país. Por obediência às regras do jogo, a democrata reconheceu a derrota e desejou sucesso ao republicano vitorioso.

Em 2020, Trump não retribuiu o gesto e acusou a vitória democrata, por 7 milhões de votos populares a mais e 306 votos contra 232 no Colégio Eleitoral, de ter sido obtida à custa de fraudes. Ainda que juízes estaduais e federais, inclusive indicados por ele próprio, não houvessem encontrado evidências de qualquer burla eleitoral, Trump insistiu ter vencido as eleições em estados que lhe dariam os delegados necessários para a vitória no Colégio Eleitoral, particularmente naqueles em que a vitória de Biden foi apertada (como havia sido a sua, em alguns estados, em 2016): na Geórgia, diferença de 0,23% dos votos totais; no Arizona, de 0,31%; em Wisconsin, de 0,63%; na Pensilvânia, de 1,16%.

Na Geórgia e no Arizona, em particular, o inconformismo de Trump foi alimentado pelo fato de que ambos os estados haviam dado a vitória ao Partido Republicano ao longo das duas últimas décadas. Geórgia e Arizona, portanto, foram *swing states* (estados que balançam), como tem sido a Flórida (vitórias democratas em 1996, 2008 e 2012, e republicanas em 2000, 2004, 2016 e 2020). Frequentemente, são os estados que balançam aqueles que acabam por definir as eleições nacionais.

As alegações de fraude levantadas por Trump convergiram com as convicções políticas de muitos dos manifestantes de 6 de janeiro. Para lembrar o historiador Richard Hofstadter (1916-1970), a adesão a teorias conspiracionistas, que reduzem a complexidade do mundo e os processos de mudança social a causas únicas e bastante simples, sempre esteve presente nos Estados Unidos, desde os Illuminati Bávaros, em fins do século XVIII, até o anticomunismo macarthista da década de 1950. A unificar tais teorias, a visão de que um grupo restrito e secreto de pessoas tem o poder de manipular os destinos do mundo de acordo com seus próprios desígnios. Em 2022, 16% dos norte-americanos disseram acreditar que um grupo de pedófilos adoradores de Satã, aninhados no Partido Democrata, controlava o setor financeiro, as grandes corporações da mídia e o "Estado profundo", elementos da teoria conspiracionista do grupo QAnon, para quem impedir a oficialização da vitória de Joe Biden se apresentava como ato patriótico.

O próprio Trump se referiu aos manifestantes que invadiram o Capitólio, entre os quais os militantes do QAnon, como "patriotas", referência, talvez, aos homens que, em 1776, levantaram-se contra a metrópole inglesa. Afinal, ainda que recomendando prudência, a Declaração de

150 ESTADOS UNIDOS NO SÉCULO XX

Independência afirma: "Quando uma longa série de abusos e usurpações, perseguindo invariavelmente o mesmo objetivo, evidencia um desígnio de reduzi-los [os governados] ao despotismo absoluto, é seu direito, é seu dever, livrar-se de tal governo e providenciar novos guardiões para sua segurança e felicidade futuras". Para a base mais radicalizada e conspiracionista do trumpismo, a vitória do democrata Joe Biden nas eleições de 2020 parecia representar menos o triunfo de fraudes eleitorais e mais a manifestação do poder despótico e usurpador do "Estado profundo", justificativa considerada mais do que suficiente para "providenciar" um novo governo.

Os invasores do Capitólio não são, porém, os únicos a crer que seus votos foram subtraídos pelos democratas. Cerca de 40% dos eleitores de Trump declararam ter certeza e 36% ao menos disseram acreditar – dezenas de milhões de pessoas, portanto – que ele teria sido eleito pelo Colégio Eleitoral caso os votos populares de todos os estados houvessem sido devidamente depositados e contados.

Para esses norte-americanos, o Partido Democrata constitui uma ameaça, pois desde pelo menos o governo Bill Clinton ele tem sido percebido menos como o partido das políticas públicas distributivas, como havia sido sob o New Deal de Franklin D. Roosevelt e a Grande Sociedade de Lyndon B. Johnson, e mais como o partido do reconhecimento das identidades de "raça", etnia, orientação sexual e herança cultural, ou seja, o veículo político das grandes mudanças sociais ocorridas nos Estados Unidos desde a década de 1960. Mudanças sociais, em particular as mais profundas e aceleradas, como o fim da segregação racial e a ampliação dos direitos das mulheres e dos homossexuais, podem ser entendidas como emancipatórias, por alguns, ao passo que por outros como ameaças ao lugar social, político e simbólico que desejam continuar a ocupar em seu próprio país. Em outras palavras, o Partido Democrata é entendido por muitos como o partido da cultura liberal que, segundo a historiadora Gertrude Himmelfarb, colocou em risco a cultura austera, centrada na tradição, na família e na religião. Não à toa, os norte-americanos que sentem as mudanças das últimas décadas como ameaça aderiram a um projeto político marcado pela nostalgia por uma suposta Idade de Ouro da América, como fica evidente no *slogan* de campanha de Trump, tanto em 2016 quanto em 2020: "*Make America great again*" (Faça a América grande novamente).

Em entrevista ao jornal *The New York Times*, em 26 de maio de 2016, Trump localizou os dois momentos da história em que, a seu ver, a América teria sido grande: o início do século XX, quando empreendedores extraordinários construíram a máquina industrial norte-americana, e a virada da década de 1940 para a de 1950, quando os Estados Unidos eram respeitados no mundo. Depreende-se que a América a que Trump aspirava retornar é a de Andrew Carnegie e do general/presidente Dwight Eisenhower, não a de W. E. B. Du Bois e Rosa Parks. Uma América branca, cristã, social e culturalmente patriarcal e conservadora, anterior, por assim dizer, aos movimentos sociais dos anos 1960, à retomada da imigração, ao multiculturalismo, ao secularismo e à nacionalização dos direitos civis e políticos. Uma América, também, do pleno emprego para trabalhadores industriais brancos, mas não a "outra América", a da pobreza, em sua maior parte afro-americana, sobre a qual falara Michael Harrington em 1962.

O mapa eleitoral de 2020 permite ver que boa parte dos eleitores de Trump vive, justamente, nos estados do Sul e das planícies centrais, fortemente evangélicos e brancos, assim como no Cinturão da Ferrugem no Meio-Oeste, área de trabalhadores desempregados e subempregados em razão do ocaso da grande indústria metal-mecânica.

Para lembrar novamente Hofstadter, a "América de Trump" se sente ansiosa, em particular, diante da mudança demográfica que se anuncia para as próximas décadas. Segundo projeções do Escritório do Censo dos Estados Unidos, a partir de 2030 a entrada de imigrantes será o principal móvel do crescimento populacional norte-americano, e não mais o crescimento natural (nascimentos menos óbitos). Em decorrência, a população branca não hispânica – cada vez mais idosa e com cada vez menos filhos – deverá diminuir de 199 milhões de pessoas, em 2020, para 179 milhões em 2060, deixando de compor o segmento majoritário da população dos Estados Unidos em 2045. Para muitos norte-americanos, não se trata, evidentemente, de simples mudança populacional. Trata-se, sobretudo, do próprio entendimento que têm da América. Como não poderia deixar de ser, também a imigração se tornou elemento central de uma teoria da conspiração, a da "Grande Substituição", segundo a qual democratas e judeus estariam abrindo as portas do país a imigrantes não brancos, que "substituiriam" os caucasianos na composição demográfica e no controle político do país.

Dificilmente um muro para evitar a entrada de imigrantes, uma política econômica protecionista e guerras culturais serão capazes, nas próximas décadas, de conter novas, e talvez ainda mais profundas, transformações na sociedade, na cultura, na demografia e na economia norte-americanas. Provavelmente, tais transformações serão sentidas por dezenas de milhões de pessoas como ameaças ainda maiores à sua segurança material, social, política e cultural. Resta saber se uma Constituição escrita em 1787, quando o país era agrário e escravista, será capaz de processar e administrar os conflitos entre os diferentes interesses, valores, aspirações de vida e visões de mundo de homens e mulheres que vivem nos Estados Unidos do século XXI. Talvez resida aí a verdadeira natureza do excepcionalismo norte-americano: o apego profundo a um texto constitucional e a um sistema político-partidário que não colaboram para o encaminhamento adequado dos conflitos de uma sociedade extremamente dinâmica, que está sempre em transformação. Nas últimas décadas, o diálogo entre os norte-americanos tem se tornado tão difícil que mesmo temas aparentemente ancorados no senso comum, como a regulamentação e o controle de armas de fogo, tornaram-se parte da *guerra cultural*. A pergunta feita por Rodney King diante de uma Los Angeles em chamas – "Podemos conviver em paz?" – parece tão atual como quando formulada, em 1992.

Continua, também, sem resposta.

Bibliografia

Sugestões de leitura

ABREU, Martha. *Da senzala ao palco*: canções escravas e racismo nas Américas, 1870-1930. Campinas: Editora da Unicamp, 2017.

AGEE, James; EVANS, Walker. *Elogiemos os homens ilustres:* um jovem escritor e um grande fotógrafo vão ao Sul dos Estados Unidos para fazer a reportagem que revolucionou o jornalismo. São Paulo: Companhia das Letras, 2009.

ALVES JUNIOR, Alexandre Guilherme da Cruz. *Discursos americanos de cooperação no contexto da 2ª Guerra Mundial*. Rio de Janeiro: Multifoco, 2014.

_____. "A ocupação de Alcatraz e o movimento indígena nos Estados Unidos (1969-1971)". *Tempo*, v. 28, n. 3, set./dez. 2022.

_____; TROVÃO, Flávio Villas-Bôas (org.). *A História das Américas através do cinema*. Curitiba: Prismas, 2018.

AZEVEDO, Cecília Silva. *Em nome da América*: os Corpos da Paz no Brasil. São Paulo: Alameda, 2007.

AZEVEDO, Celia Maria Marinho de. *Casa dividida:* ensaios sobre a história dos Estados Unidos. São Paulo: Intermeios, 2022.

BENDER, Thomas. *A Nation among Nations. America's Place in World History*. Nova York: Hill and Wang, 2006.

BERMAN, Marshall. *Um século em Nova York:* espetáculos em Times Square. São Paulo: Companhia das Letras, 2009.

FERRAZ, Francisco. *Segunda Guerra Mundial*. São Paulo: Contexto, 2022.

FRANCISCO, Flávio Thales Ribeiro. *Fronteiras em definição*: identidades negras e imagens dos Estados Unidos e da África no jornal *O Clarim da Alvorada* (1924-1932). São Paulo: Alameda, 2013.

_____. *O novo negro na diáspora*: modernidade afro-americana e as representações sobre o Brasil e a França no jornal *Chicago Defender* (1916-1940*)*. São Paulo: Intermeios/Fapesp, 2016.

GERSTLE, Gary. *Liberty and Coercion*: the Paradox of American Government from the Founding to the Present. Princeton: Princeton University Press, 2015.

_____; ISAAC, Joel. *States of Exception in American History*. Chicago e Londres: The University of Chicago Press, 2020.

GRANT, Susan-Mary. *História concisa dos Estados Unidos da América*. São Paulo: Edipro, 2014.

HARRIS, Mark. *Cenas de uma revolução*: o nascimento da Nova Hollywood. Porto Alegre: L&PM, 2011.

HIRSCHMAN, Albert. *A retórica da intransigência*: perversidade, futilidade, ameaça. São Paulo: Companhia das Letras, 1992.

IZECKSOHN, Vitor. *Estados Unidos*: uma história. São Paulo: Contexto, 2021.

154 ESTADOS UNIDOS NO SÉCULO XX

JUNQUEIRA, Mary Anne. *História dos Estados Unidos no século XIX*. São Paulo: Editora Nacional, 2009.

_____. *Velas ao mar. U. S. Exploring Expedition (1838-1842):* a viagem científica de circum-navegação dos norte-americanos. São Paulo: Intermeios, 2016.

_____. *Estados Unidos. Estado Nacional e narrativa da nação (1776-1900)*. São Paulo: Edusp, 2018.

KARNAL, Leandro et al. *História dos Estados Unidos das origens ao século XXI*. São Paulo: Contexto, 2007.

LEPORE, Jill. *Estas verdades*: a história da formação dos Estados Unidos. Rio de Janeiro: Intrínseca, 2020.

LIMONCIC, Flávio. *Os inventores do New Deal. Estado e sindicatos no combate à Grande Depressão*. Rio de Janeiro: Civilização Brasileira, 2009.

MOLL, Robert et al. *Visões da América*: a história dos EUA discutida por pesquisadores brasileiros. Rio de Janeiro: Multifoco, 2014.

MUNHOZ, Sidnei. *Guerra Fria. História e historiografia*. Curitiba: Appris, 2020.

PATEL, Kiran Klaus. *The New Deal. A Global History*. Princeton e Oxford: Princeton University Press, 2016.

PECEQUILO, Cristina Soreanu. *A política externa dos Estados Unidos*. Porto Alegre: Editora da UFRGS, 2011.

_____. *Os Estados Unidos e o século XX*. Rio de Janeiro: Elsevier, 2013.

PIKETTY, Thomas. *O capital no século XXI*. Rio de Janeiro: Intrínseca, 2014.

_____. *Capital e ideologia*. Rio de Janeiro: Intrínseca, 2020.

POGGI, Tatiana. *Faces do extremo*: o neofascismo nos EUA, 1970-2010. Curitiba: Prismas, 2015.

POLANYI, Karl. *A grande transformação:* as origens da nossa época. Rio de Janeiro: Campus, 1980.

PURDY, Sean. *O general estadista:* Douglas MacArthur e o século americano. São Paulo: Intermeios, 2018.

SÁ, Magali Romero et al. *As ciências sociais na história das relações Brasil-Estados Unidos*. Rio de Janeiro: Mauá X/Faperj, 2020.

SILVA, Fernando Teixeira da; FORTES, Alexandre (orgs.). *Trabalho & labor:* histórias compartilhadas (Brasil e Estados Unidos, século XX). Salvador: Sagga, 2020.

SOUSA, Rodrigo Farias de. *A nova esquerda americana:* de Port Huron aos Weathermen. Rio de Janeiro: FGV, 2009.

TROVÃO, Flávio Vilas-Bôas Trovão. *O exército inútil de Robert Altman*: cinema e política. São Paulo: Anadarco, 2012.

TOTA, Antônio Pedro. *O imperialismo sedutor:* a americanização do Brasil na época da Segunda Guerra. São Paulo: Companhia das Letras, 2000.

VALIM, Alexandre Busko. *O triunfo da persuasão. Brasil, Estados Unidos e o cinema da Política da Boa Vizinhança durante a II Guerra Mundial*. São Paulo: Alameda, 2017.

ZAHRAN, Geraldo. *Tradição liberal e política externa nos Estados Unidos*: um diálogo com interpretações realistas e idealistas. Rio de Janeiro Editora PUC-Rio, 2012.

ZOLBERG, Arisitide. *A Nation by Design*: Immigration Policy in the Fashioning of America. Cambridge e Londres: Harvard University Press, 2006.

Livros citados

ANGELOU, Maya. *Eu sei por que o pássaro canta na gaiola*. Rio de Janeiro: José Olympio, 1996.

BALDWIN, James. *Numa terra estranha*. Porto Alegre: Globo, 1984.

BARTON, Bruce. *The Man Nobody Knows*. Indianápolis: Bobbs-Merrill, 1925.

CROLY, Herbert. *The Promise of American Life*. Boston: Northeastern University Press, 1989.

DU BOIS, W. E. B. *The Souls of Black Folks*. Amherst: The Univeristy of Massachusetts Press, 2018.

FRIEDAN, Betty. *A mística feminina*. Rio de Janeiro: Rosa dos Tempos, 2020.

GINSBERG, Allen. *Howl and Other Poems*. São Francisco: City Light Books, 1992.

HARRINGTON, Michael. *The Other America*. Nova York: Scribner, 1997.

HAYEK, Friederich. *O caminho da servidão*. Rio de Janeiro: Instituto Liberal, 1990.

HERBERG, Will. *Protestant, Catholic, Jew*: an Essay in American Religious Sociology. Garden City: Anchor Books, 1960.

HIMMELFARB, Gertrude. *One Nation, Two Cultures:* a Search Examination of American Society in the Aftermath of our Cultural Revolution. Nova York: Alfred Knopf, 1999.

HIRSCHMAN, Albert. *A retórica da intransigência:* perversidade, futilidade, ameaça. São Paulo: Companhia das Letras, 1992.

LYND, Robert, LYND, Helen. *Middletown:* a Study in Contemporary American Culture. Nova York: Harcourt, Brace & World, 1929.

MORRISON, Toni. *O olho mais azul*. São Paulo: Companhia das Letras, 2003.

RIESMAN, David. *The Lonely Crowd*: a Study of the Changing of American Character. New Haven: Yale University Press, 2001.
STEINBECK, John. *As vinhas da ira*. Rio de Janeiro: Record, 1984.

Sugestões de sites

Para pesquisas sobre a Constituição norte-americana: https://constitutioncenter.org/.
Para pesquisas baseadas no censo dos Estados Unidos: https://www.census.gov/.
Para pesquisas com documentos do Departamento de Estado: https://history.state.gov/.
Para pesquisas sobre a central sindical AFL-CIO: https://lib.guides.umd.edu/c.php?g=327462&p=2196193.
Para pesquisas sobre o mundo do trabalho: https://www.bls.gov/mlr/.
Biblioteca Presidencial Franklin D. Roosevelt: https://www.fdrlibrary.org/.
Biblioteca Presidencial Harry Truman: https://www.trumanlibrary.gov/.
Biblioteca Presidencial Dwight Eisenhower: https://www.eisenhowerlibrary.gov/.
Biblioteca Presidencial John F. Kennedy: https://www.jfklibrary.org/.
Biblioteca Presidencial Richard Nixon: https://www.nixonlibrary.gov/.
Biblioteca Presidencial Jimmy Carter: https://www.jimmycarterlibrary.gov/.
Biblioteca Presidencial Ronald Reagan: https://www.reaganlibrary.gov/.
Biblioteca Presidencial Bill Clinton: https://www.clintonlibrary.gov/.
Arquivo Nacional dos Estados Unidos: https://www.archives.gov/.
Biblioteca do Congresso: https://www.loc.gov/.
Biblioteca Martin Luther King Jr.: https://library.sjsu.edu/.
Biblioteca da Associação Nacional para o Progresso das Pessoas de Cor (NAACP): https://naacp.org/resources/library.
American Historical Association: https://www.historians.org/.

Sites de materiais didáticos

Constituição: https://besthistorysites.net/american-history/us-constitution/.
Reconstrução: https://besthistorysites.net/american-history/reconstruction/.
Conquista do Oeste: https://besthistorysites.net/american-history/westward-expansion/.
Era Progressista: https://besthistorysites.net/american-history/progressive-era/.
Grande Depressão: https://besthistorysites.net/american-history/the-great-depression/.
Movimento pelos Direitos Civis: https://besthistorysites.net/american-history/civil-rights/.
Guerra do Vietnã: https://besthistorysites.net/american-history/vietnam/.
Imigração: https://besthistorysites.net/american-history/immigration/.
Nativoamericanos: https://besthistorysites.net/american-history/native-american-history/.

LEIA TAMBÉM

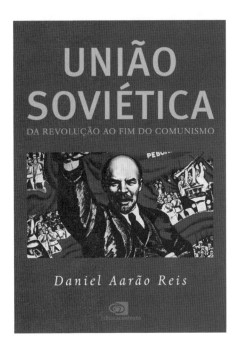

UNIÃO SOVIÉTICA
DA REVOLUÇÃO AO FIM DO COMUNISMO
Daniel Aarão Reis

As Revoluções Russas ocorreram no início do século XX. Deram origem à União Soviética, que deixou de existir em 1991, e simplesmente mudaram a Rússia e o mundo. O Império Russo, até então primitivo e atrasado, transformou-se numa superpotência industrializada e urbanizada, dotada de sistemas públicos de saúde e de educação capazes de competir com o que havia de melhor no mundo, superando a miséria e o analfabetismo. Esta obra tem como objetivo traçar a trajetória dessa história complexa, que vai da improvável vitória das Revoluções à ainda mais improvável desagregação da União Soviética. Afinal, o que aconteceu com os sonhos de liberdade e justiça social tão desejados pelos revolucionários de 1917? Quais foram as dificuldades, os empecilhos, que comprometeram o sonho socialista de tantos no mundo todo? O historiador Daniel Aarão Reis nos oferece um livro escrito com competência e paixão, um livro instigante e revelador. Indispensável.

CADASTRE-SE
EM NOSSO SITE,
FIQUE POR DENTRO DAS NOVIDADES
E APROVEITE OS MELHORES DESCONTOS

LIVROS NAS ÁREAS DE:

História | Língua Portuguesa | Educação
Geografia | Comunicação | Relações Internacionais
Ciências Sociais | Formação de professor
Interesse geral | Romance histórico

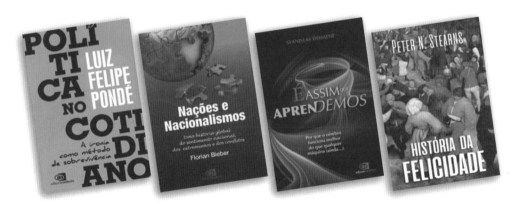

ou
editoracontexto.com.br/newscontexto

Siga a Contexto
nas Redes Sociais:
@editoracontexto

GRÁFICA PAYM
Tel. [11] 4392-3344
paym@graficapaym.com.br